CONTENTS

Issue
No.1
—
2025

FUKUOKA
다자이후
유후인
벳푸
시모노세키
기타큐슈
사가

WRITER
이지앤북스 편집팀

찻잎을 따는 눈썰미로 글을 고르고, 천천히
그에 맞는 무게와 양감, 표정과 자세를
지어낸다. 다작하지 못하고, 당장의 이익이
크지는 않더라도 권권이 좋은 책을, 내일
부끄럽지 않은 책을 만들어가고 있다.

Tripful = Trip + Full of
트립풀은 '여행'을 의미하는 트립TRIP이란
단어에 '~이 가득한'이란 뜻의 접미사 풀-FUL을
붙여 만든 합성어입니다. 낯선 여행지를 새롭게
알아가고 더 가까이 다가갈 수 있도록 도와주는
여행책입니다.

※ 책에 나오는 지명, 인명은 외래어 표기법 및 통용
표현을 따르되 경우에 따라 일본어 발음에 가깝게
표기했습니다.

※ 잘못 만들어진 책은 구입한 곳에서 교환해 드립니다.

PREVIEW : ABOUT FUKUOKA

012   PEOPLE LIVING IN FUKUOKA
후쿠오카를 살아가는 사람들

014

016   PEOPLE SERIOUS ABOUT EATING
먹는 데 진심인 우리들

018   THE MECCA OF SHOPPING
쇼핑의 메카, 후쿠오카

019   THE TOUCH OF A MASTER
전통과 현대의 공존, 장인의 손길

020   **WHERE YOU'RE GOING**

SPOTS TO GO TO

024   HAKATA AREA
하카타역 일대

026   TENJIN·DAIMYO AREA
텐진·다이묘 일대

028   [THEME] FUKUOKA SPECIALTY, YATAI
후쿠오카의 명물, 야타이 문화

030   [THEME] FUKUOKA ARCHITECTURE
휴식이 있는 전통 건축물

032   CANAL CITY AREA
캐널시티 일대

034   SEASIDE MOMOCHI AREA
시사이드 모모치 일대

036   OHORI PARK AREA
오호리공원 일대

038   YAKUIN CAFÉ STREET
야쿠인 카페거리

040   UMINONAKAMICHI
우미노나카미치

042   [THEME] KID-FRIENDLY SPOT
어린이와 함께 가기 좋은 스폿

044   [THEME] TRADITIONAL CULTURE EXPERIENCE
후쿠오카의 변하지 않는 전통 문화

046   [THEME] TEMPLE WALK
고즈넉한 사찰 산책

EAT UP

050   HAKATA RAMEN
하카타 라멘 맛집

052   UDON AND SOBA
하카타 우동 소바 맛집

054   EATING ALONE
혼밥하기 좋은 식당

054

056   RICE BOWL
푸짐한 덮밥

058   JAPANESE SET MEAL
일본식 한상차림

060   GYOZA
맥주 안주로 좋은 교자

062   YAKINIKU
입에서 살살 녹는 야키니쿠

CONTENTS

064 [SPECIAL] SUSHI
현지인이 추천하는 스시 맛집

067 [SPECIAL] IZAKAYA
술이 술술 들어가는 이자카야

068 MOTSUNABE
탱글한 대창, 모츠나베 맛집

069 MIZUTAKI
국물이 일품인 미즈타키

070 DESSERT
달콤한 디저트 맛집

072 COFFEE
현지인도 줄서서 마시는 커피 맛집

074 KISSATEN
오랜 세월을 간직한 킷사텐

076 BAKERY
후쿠오카 3대 빵집과 나만 알고 싶은 숨은 빵집

078 BAR
분위기 잡고 싶은 날엔, 칵테일 바

081 BAR
현지인 술집 분위기를 즐기고 싶다면, 타치노미

LIFESTYLE & SHOPPING

084 CITY MALL
후쿠오카 쇼핑몰 총정리

086 SELECT SHOP
아는 사람만 아는, 편집숍

086

088 INTERIOR SHOPPING SHOP
집으로 데려오고 싶은 인테리어 소품숍

089 GENERAL STORES AND DRUG STORES
안 가면 섭섭한, 잡화점과 드럭스토어

090 CONVENIENCE STORE
편의점 간식 추천 리스트

092 DON QUIXOTE
돈키호테에 간다면 꼭 사야 하는 쇼핑 리스트

094 SOUVENIR
선물로 마음을 전하는 오미야게

PLACES TO STAY

096 CHECK-IN TO THE HOTEL
아늑하고 편안한 호텔로 체크인

ATTRACTIVE SUBURBS

102 DAZAIFU
다자이후

103 YUFUIN
유후인

106 BEPPU
벳푸

106

110 SHIMONOSEKI
시모노세키

112 KITAKYUSHU
기타큐슈

116 SAGA
사가

PLAN YOUR TRIP

120 CHECK LIST
후쿠오카 여행 전 알아두면 좋은 것들

122 SEASON CALENDAR
날씨와 옷차림 알아보기

123 FESTIVAL
들뜬 기분을 전하는 월별 축제

124 TRANSPORTATION
후쿠오카 들어가기 & 시내 교통 & 교통패스권

MAP

128 지도

PREVIEW: ABOUT FUKUOKA

혼자 여행해도 낯설지 않고, 언제 찾아와도 오랜 친구를 만난 듯 반가운 도시, 후쿠오카.
음식 한입에 번지는 행복한 미소, 술잔 부딪히며 나누는 소소한 이야기 그리고
낯선 이에게도 스스럼없이 웃음으로 맞이해주는 일본 현지인.
일본 여행 초심자뿐만 아니라 N 번째 방문하는 여행객에도 추천하는 도시이다.

01
PEOPLE LIVING IN FUKUOKA : 후쿠오카를 살아가는 사람들

02
PEOPLE SERIOUS ABOUT EATING : 먹는데 진심인 우리들

03
THE MECCA OF SHOPPING : 쇼핑의 메카, 후쿠오카

04
THE TOUCH OF A MASTER : 전통과 현대의 공존, 장인의 손길

PEOPLE LIVING
IN FUKUOKA

후쿠오카를 살아가는 사람들

1
PREVIEW

스미마셍(실례합니다. 죄송합니다), 아리가또 고자이마스(감사합니다). 거리를 걷다 보면 가장 많이 들리는 말이다.
일본인은 작은 일에도 감사와 사과를 아끼지 않으며 언제나 온화한 미소와 상냥한 말투로 손을 내민다.
그래서 후쿠오카를 여행하다 보면 따뜻함을 느끼는 순간이 많다.
우리가 여행지에서 받고 싶어 하는 기분을 온전히 전해주는 후쿠오카.
가벼운 마음과 편안한 웃음으로 여행하다 보면 어느새 후쿠오카 사람들의 따뜻함에 스며들지도.

나카스 리버 크루즈

일본인도 사랑하는 도시

영국 잡지 모노클(Monocle)에서 후쿠오카는 '세계에서 가장 살기 좋은 도시' 10위를 차지하였으며 일본인이 뽑은 '매력적인 지방 도시' 1위에 선정된 바가 있다. 여전히 상위권을 유지하고 있는 후쿠오카는 아시아 대륙과 가까워 국제적 교류가 활발하고 편리한 교통 인프라, 깨끗한 공기, 도시 곳곳에 자리한 공원, 도심에서 즐기는 바다 등 쾌적하고 여유로운 삶을 누릴 수 있는 도시로 자리매김하고 있다.

구 후쿠오카 현 공회당 귀빈관

01 살기 좋은 도시
한 번만 방문해도 노년에 살고 싶은 나라로 점 찍어 둘지도 모르는 이곳. 음식 앞에서 올라가는 행복 지수, 걸을 때마다 빼꼼 보이는 나카스 강의 평화로움, 시내와 가까운 바다. 야타이에서 술 한잔할 때 일상의 고됨이 사르르 녹는 걸 경험하면 '여기구나' 싶달까.

02 여름 축제 방문객 1위
매년 7월, 하카타 기온 야마카사 축제를 보기 위해 200만 명 이상의 사람들이 후쿠오카에 방문한다. 일본에서 가장 신나는 축제 중 하나로 전통의상을 입은 참가자들이 약 1톤의 가마 야마카사를 메고 하카타 거리를 누빈다. 특히, 우렁찬 구호와 시내를 달리는 오이야마 행진은 이 축제의 하이라이트이다. 매년 바뀌는 야마카사 위에 장식된 인형을 보는 것도 축제의 즐거움 중 하나!

03 일본 제4의 광역 경제 도시권
후쿠오카는 일본의 주요 경제 중심지이자 국가전략 특구로, 스타트업 육성에 많은 지원을 하고 있으며 외국인 고용에도 적극적인 편이다. 스타트업에 국한되지 않고 다양한 분야에서도 외국인 고용이 활발하다. 실제로 편의점, 카페, 식당에 가면 일본인보다 외국인 직원들을 더 많이 볼 수 있다. 일본의 노령화로 인해 발생하는 인력 부족 문제를 해결하는 방안으로 외국인이 일하기 좋은 환경을 제공한다. 생활비가 상대적으로 저렴한 것도 인기 있는 이유 중 하나이다.

오호리공원

04 산과 바다 사이, 일상 속 휴식

바다와 산이 어우러진 독특한 지역 환경 덕분에 언제 어디서든 돗자리를 꺼내 피크닉을 즐기기 좋다. 나카스 강을 바라보며 쉬기 좋은 덴진중앙공원이나, 호수를 감상하며 도시락 즐길 수 있는 오호리 공원은 일상 속 여유를 만끽하기 안성맞춤이다. 또한, 하카타에서 1시간 정도 떨어진 마린월드에서 각종 해양 동물을 구경하거나, 자전거 타고 해변공원을 둘러보며 한가로운 시간을 보내기도 좋다.

05 자연과 어우러진 건축 탐방

일본의 자연 친화적 에코 건축물, 중요 문화재로 지정된 문화관 건물, 회색빛 건물과 어우러진 자연의 광장 등 주변에 다양한 건축물이 휴식과 자연을 주제로 조화를 이루고 있다. 특히, 높이 234m에 이르는 후쿠오카 타워는 도시 전경과 바다를 한눈에 담을 수 있는 후쿠오카 필수 여행 코스로 손꼽힌다.

구 후쿠오카 현 공회당 귀빈관

오호리공원

벳푸 바다지옥

06 2시간 내, 소도시 여행
후쿠오카는 일본의 소도시 여행을 시작하기 좋은 최적의 거점 도시이다. 후쿠오카에서 벳푸, 유후인, 다자이후 등 인근 소도시로 접근하기 좋으며, 교통 패스권을 활용하면 경제적이고 효율적으로 이동할 수 있다. 2시간 이내로 이동 시간이 짧아 하루 안에 여러 도시를 둘러볼 수 있어 후쿠오카와 함께 소도시 여행을 하는 사람이 많다.

벳푸지옥순례 바다지옥

유후인 텐소신사

PEOPLE SERIOUS ABOUT EATING

2

PREVIEW

먹는 데 진심인 우리들

미식의 도시 후쿠오카. 쇼핑만큼이나 맛있는 음식을 즐기기 위해 여행 오는 사람도 많을 테다. 사실, 후쿠오카 사람들에게 음식은 단순히 배를 채우는 수단이 아니라, 오랜 역사와 문화를 이어오며 현재를 연결하는 중요한 매개체이다. 야타이에서 포장마차의 운치를 느끼고, 하카타 돈코츠 라멘의 진한 국물과 함께 사케 한 잔을 즐기는 순간은 후쿠오카만의 특별한 경험으로 손꼽히기도 한다. 음식에 대한 깊은 애정을 지닌 이 도시에서의 식사는 그 자체로 하나의 여행이 된다.

01 야타이, 나이트 라이프

해가 뉘엿뉘엿 저물어갈 때, 나카스 강 주변 일대에 하나둘 불이 켜지기 시작한다. 일본식 포장마차인 야타이는 일본에서 유일하게 허가받아 영업할 수 있는 곳으로, 여행객과 현지인 모두에게 사랑받고 있다. 야타이에서는 돈코츠라멘, 야키토리, 교자 등 다양한 메뉴를 즐길 수 있으며, 좁은 공간 덕분에 처음 만난 사람들과 자연스럽게 대화를 나누며 포장마차 특유의 운치를 만끽하기 좋다.

나카스 야타이

03 수산시장과 이자카야

나가하마 수산시장은 현지 어부들이 갓 잡아 올린 신선한 해산물을 판매하는 곳이다. 주로 도매시장으로 운영되지만, 한 달에 한 번 열리는 감사데이에는 일반인들도 참여할 수 있어 생생한 시장 분위기를 즐길 수 있다. 해산물을 저렴한 가격에 구매할 수 있을 뿐만 아니라 시식 코너에서 다양한 요리를 맛보는 즐거움도 크다. 수산시장에서 공급받은 해산물은 후쿠오카 내 여러 이자카야로 이어지기 때문에 시내 어디서든 신선한 해산물과 함께 술 한 잔 기울이기 좋다.

와라야키 미깡

02 후쿠오카 명물, 하카타 돈코츠

후쿠오카 하면 하카타 라멘, 즉 돈코츠 라멘을 빼놓을 수 없다. 1940년대 후반, 저렴하면서도 포만감을 주는 음식이 필요했던 시기에 하카타 지역에서 돈코츠 라멘이 인기를 끌기 시작했다. 돼지 뼈를 오랜 시간 끓여 낸 진한 국물과 얇고 꼬들꼬들한 면발이 어우러져 독특한 매력을 자랑한다. 또한 면을 추가 주문할 수 있어 푸짐하게 즐길 수 있다. 이처럼 하카타 돈코츠 라멘은 후쿠오카를 대표하는 명물로 자리 잡았다.

나카스 야타이

이치란 라멘

스시사카바 사시스 텐진점

THE MECCA OF SHOPPING

3 PREVIEW

텐진 상점가

쇼핑의 메카, 후쿠오카

후쿠오카는 쇼핑과 문화, 교통이 완벽하게 어우러진 도시이다. 규슈 지역의 교통 허브로, 일본 본토와 규슈를 잇는 중요한 거점 역할을 한다. 공항과 하카타역, 고속도로가 잘 연결되어 있어 도시 이동도 수월하다. 이런 접근성은 오래전부터 여러 나라와 활발한 교역과 문화 교류를 가능하게 했다. 덕분에 텐진, 하카타, 캐널시티 등 어디에서나 트렌디한 쇼핑을 할 수 있게 됐다.

01 후쿠오카의 관문, 하카타

쇼핑, 교통, 문화가 어우러지는 중심인 하카타역 안에는 대형 쇼핑몰 하카타 시티가 있어서 쇼핑과 식사를 한 번에 해결할 수 있다. 하카타 오리와 같은 전통적인 요소와 현대적인 상업 공간이 공존하여 색다른 매력을 제공한다. 또한, 돈코츠 라멘을 먹으며 로컬 브랜드를 탐방할 수 있어 여행의 재미를 더한다.

킷테 하카타

02 유행의 선도, 텐진

패션과 트렌드의 중심지인 텐진은 일본에서도 손꼽히는 쇼핑 명소 중 하나이다. 백화점, 패션 부티크, 다양한 디자이너 브랜드들이 즐비해 있어 최신 유행을 쉽게 접할 수 있다. 텐진 지하상가에서는 쇼핑뿐만 아니라 카페와 식당이 많아 쇼핑과 식사를 함께 즐길 수 있는 매력이 있다.

캐널시티

03 도시 속 도시 캐널시티

후쿠오카를 대표하는 복합쇼핑몰로, 도시 중심부에 위치한다. 물길 따라 길게 펼쳐진 건축 디자인 덕분에 도시 속 작은 도시라는 별명이 붙었다. 쇼핑은 물론, 영화관과 식당 등 다양한 엔터테인먼트 요소가 가득해 남녀노소 모두에게 인기가 많다. 특히, 밤이 되면 캐널시티의 하이라이트인 분수쇼를 보기 위해 많은 사람이 찾는다.

THE TOUCH
OF A MASTER

4
PREVIEW

전통과 현대의 공존, 장인의 손길

수세기 동안 이어져 온 일본의 전통이 고유한 문화와 장인 정신으로 오늘날까지 계승되고 있다. 전통 직물인 하카타 오리부터 지역 특색이 담긴 공예품, 좋은 물로 만든 일본 소주 니혼슈까지. 후쿠오카에서 만나는 모든 것엔 세월이 담겨 있으니, 전통과 현대가 어우러지는 이곳에서 다양한 체험을 해보는 걸 추천한다.

하카타 전통공예관

01 직물 전통무늬, 하카타 오리

가마쿠라시대에 탄생하여 780년 이상의 역사를 지닌 하카타 오리 직물은 '겐조가라(헌정 무늬)'라는 독특한 직물 문양과 묶기 쉬운 명주 질감으로 유명하다. 염색된 많은 날실과 두꺼운 섬유인 씨실을 엮어 견고한 직물을 만드는 게 특징이다. 기모노와 유카타에 자주 쓰이며 하카타역이나 곳곳의 기념품 가게에서 하카타 오리 무늬로 한 다양한 굿즈도 볼 수 있다.

02 사케 한 잔, 니혼슈

양조장이 있다는 건 청정하고 양질의 물이 풍부하다는 지표이다. 후쿠오카에는 지쿠고강, 야베강 등 여러 하천을 따라 현 전역에 50여 개의 양조장이 있으며 이는 일본 전체에서 5번째로 높은 밀집도를 자랑한다. 후쿠오카는 일본에서도 손꼽히는 술의 고장이며 깨끗한 물 덕분에 깔끔하고 달콤한 맛이 특징이다. 하쿠넨구라는 지역의 전통을 이어가는 마지막 양조장으로, 특별한 술을 경험할 수 있는 장소이다.

사케 양조장 하쿠넨구라

03 문화의 향연, 하카타 공예 인형

하카타 인형은 후쿠오카의 대표적인 전통 공예품으로, 17세기부터 이어져 오고 있다. 정교한 제작과 세밀한 손길로 인형은 일본 전통 의상과 표정을 그대로 담아내며 섬세한 디테일은 일본 문화와 예술을 전하는 중요한 역할을 한다. 하카타 전통 공예관에서 하카타 인형, 야메 초칭(제등) 등 7개 경제 산업 대신 지정 전통 공예품과 35개 지역 특색을 살린 공예품을 볼 수 있다.

하카타 향토관

WHERE YOU'RE GOING

후쿠오카 여행 일정 짜기

먹방, 쇼핑, 카페투어 등 여행 목적에 따라 머무는 지역이 달라진다. 이동하는 시간조차 알차게 쓰고 싶다면, 후쿠오카 지역별 특징을 한눈에 정리하고 시작하자.

시사이드 모모치 일대

하카타에서 30분만 벗어나면 볼 수 있는 푸른 바다. 후쿠오카 하면 빠질 수 없는 랜드마크 후쿠오카타워와 페리 타고 갈 수 있는 마린월드가 있다.

오호리 공원 일대

일상 속 휴식을 취할 수 있는 공원. 에메랄드빛 호수를 옆에 두고 산책하거나 스타벅스에서 호수를 바라보며 여유를 즐기기 좋다. 일본식 정원과 미술관이 있어 문화적 향유도 가능하다.

Spot Information

① 노코노시마
② 마리노아시티 후쿠오카
③ 후쿠오카 타워
④ 후쿠오카 야후오쿠 돔
⑤ 오호리 공원
⑥ 후쿠오카 파르코
⑦ 후쿠오카 시 아카렌가 문화관
⑧ 포트 타워
⑨ 하카타 항 국제터미널
⑩ 토초지
⑪ 야나기바시 연합시장
⑫ 캐널시티 하카타
⑬ JR 하카타 시티

텐진·다이묘 일대

후쿠오카의 중심지로 쇼핑, 음식, 나이트 라이프를 가까이에서 살펴보기 좋은 지역이다. 쇼핑과 먹방 여행이 목적인 여행객에게 인기가 많으며 카페와 술집도 많아 젊은 층이 선호하는 곳이다.

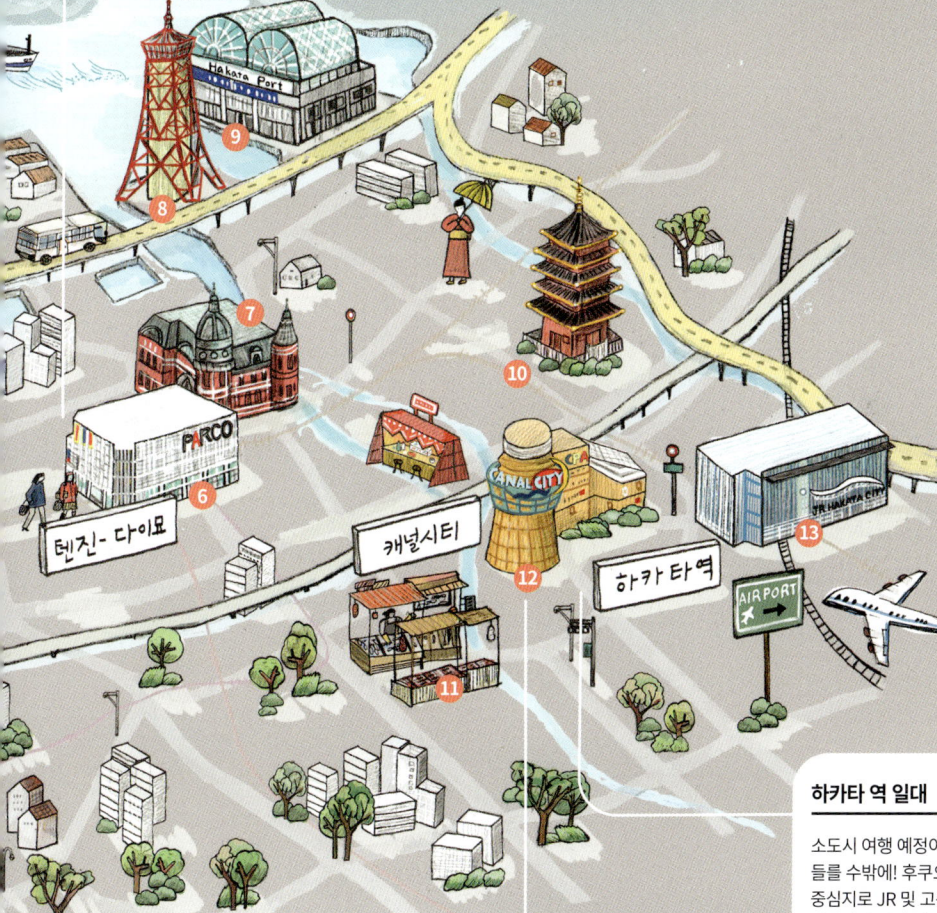

하카타 역 일대

소도시 여행 예정이라면 하카타역을 들를 수밖에! 후쿠오카의 교통 중심지로 JR 및 고속버스가 연결되어 있어 다른 지역으로의 이동이 편리하다. 또한 JR 하카타 시티에 기념품 숍, 식당 등이 많아 쇼핑하기 좋다.

캐널시티 일대

쇼핑과 엔터테인먼트를 한곳에서 즐길 수 있는 복합문화공간. 상점, 카페, 맛집, 극장 등이 있어 하루 종일 시간 보내기 좋다. 나카스 강과 가까우며 저녁엔 야타이 문화까지 즐길 수 있다.

SPOTS TO GO TO

1시간 만에 후쿠오카에 도착할 만큼 접근성이 좋은 후쿠오카.
아무리 가까워도 꼭 가야 하는 스폿을 제대로 알지 못하면 헤매다 여행이 끝날 수 있다.
물론 돌아다니며 우연히 발견하는 여행의 재미도 있지만, 파워 J처럼 꽉 찬 여행을 즐기고 싶다면
지금부터 트립풀에서 소개하는 꼭 가봐야 하는 베스트 후쿠오카 여행지를 살펴보자.

01
HAKATA AREA : 하카타역 일대

05
OHORI PARK AREA : 오호리공원 일대

02
TENJIN · DAIMYO AREA : 텐진·다이묘 일대

06
YAKUIN CAFÉ STREET : 야쿠인 카페거리

[THEME]
FUKUOKA SPECIALTY, YATAI :
후쿠오카의 명물, 야타이 문화

07
UMINONAKAMICHI : 우미노나카미치

[THEME]
FUKUOKA ARCHITECTURE : 휴식이 있는 전통 건축물

[THEME]
KID-FRIENDLY SPOT : 어린이와 함께 가기 좋은 스폿

03
CANAL CITY AREA : 캐널시티 일대

[THEME]
TRADITIONAL CULTURE EXPERIENCE :
후쿠오카의 변하지 않는 전통 문화

04
SEASIDE MOMOCHI AREA : 시사이드 모모치 일대

[THEME]
TEMPLE WALK : 고즈넉한 사찰 산책

01 Spots

博多駅周辺
하카타역 일대

하카타역은 어디로 가든 반드시 거치게 되는 교통의 요지이다. 하지만 교통의 편리함만으로는 설명하기 아쉬울 만큼, 쇼핑, 기념품, 먹거리 천국이기도 하다. 대형 쇼핑몰과 백화점은 물론 로컬 상점들까지 몰려 있어 지루할 틈 없이 즐거운 시간을 보낼 수 있다.

Transport

博多駅
하카타역

Ⓐ Hakata Ward, 博多駅中央街1-1
Ⓜ 3-G

JR과 지하철이 연결된 후쿠오카 최대의 교통 허브이다. 내부 규모가 커 길을 잃기 쉽지만, 관광안내소에서 도움을 받을 수 있다. 짐 보관 서비스 덕분에 짐 걱정 없이 여행을 즐길 수 있으며, 대형 쇼핑몰과 다양한 식당이 함께 있어 쇼핑과 식사를 한곳에서 해결할 수 있다. 또한, 신칸센을 포함한 장거리 이동이 가능해 규슈 여행의 출발점으로도 편리하다.

博多バスターミナル
하카타 버스터미널

Ⓐ 2-1 Hakataekichuogai, Hakata Ward
Ⓜ 3-G

시내 버스와 소도시 버스를 탈 수 있는 터미널이다. 교통패스권 실물 교환 및 구매가 가능하며, 다양한 식당이 있어 이동 전후에 식사하기 좋다. 또한, 편의점과 기념품 상점이 있어 여행에 필요한 물품을 쉽게 구할 수 있다.

Sightseeing

つばめの杜ひろば
츠바메노모리 히로바 옥상정원

Ⓐ 1-1 RF, Hakataekichuogai, Hakata Ward
Ⓗ 10:00-20:00 Ⓜ 3-G

지상 60m, 11층 높이에서 후쿠오카 시내를 한눈에 조망할 수 있는 정원으로, 제비숲 광장 옥상정원이라고도 불린다. 후쿠오카타워뿐만 아니라 후쿠오카공항과 가까워서 비행기 착륙하는 모습도 볼 수 있다. 미니 트레인 타고 옥상정원을 투어할 수 있는 작은 테마파크와 철도 신사가 있으니 천천히 둘러보자. 9층 10층 시티 다이닝 쿠텐과 연결되어 있어 식사 후 가벼운 산책 겸 들르기 좋다.

Shopping

アミュプラザ博多
아뮤플라자

Ⓐ 1-1 Hakataekichuogai, Hakata Ward
Ⓗ 10:00-20:00　Ⓜ 3-G

식당, 의류, 잡화점, 영화관 등 다양한 시설이 있는 복합 쇼핑몰이다. 아뮤플라자 하면 포켓몬 센터를 빼놓을 수 없는데, 사람 많은 시간대는 입장 대기표를 받아야 할 정도로 인기가 많다.

博多阪急
하카타 한큐백화점

Ⓐ 1-1 Hakataekichuogai, Hakata Ward
Ⓗ 10:00-20:00　Ⓜ 3-G

하카타역과 연결되어 있으며 명품 손수건을 구매하기 위해 방문하는 사람이 많다. 일본 오가닉 화장품 브랜드 제품과 최신 쇼핑 트렌드를 확인할 수 있는 브랜드 제품을 한자리에서 만날 수 있다.

マイング
마잉구

Ⓐ 1-1 Hakataekichuogai, Hakata Ward
Ⓗ 09:00-21:00
Ⓜ 3-G

후쿠오카 특산물과 기념품을 판매하는 쇼핑몰이다. 화과자, 멘타이코뿐만 아니라 드럭스토어, 카페, 식품코너도 있어 시간 가는 줄 모르고 쇼핑하게 될지도 모른다. 선물용으로 명란마요가 인기가 많다.

02 Spots

天神・大名周辺
텐진・다이묘 일대

텐진은 여러 백화점과 상점가가 연결된 야외 길거리 중심 번화가로 후쿠오카 번화가의 양대 산맥이라고 할 수 있는 곳이다. 사람들에게 알려진 맛집도 많고 늦은 밤까지 먹고 마실 수 있는 술집도 많다.

텐진 상점가

Tip.
두 번 구워 바삭하고 촉촉한 치즈를 듬뿍 넣어 부드러운 '베이크 치즈 타르트'와 바삭한 커스터드 애플파이를 판매하는 '링고'도 함께 방문하기 추천한다.

베이크 치즈 타르트  | 링고

①
天神地下街
텐진 지하상가

Ⓐ 2 Chome 地下1·2·3号, Tenjin, Chuo Ward
Ⓗ 10:00-20:00
Ⓜ 5-D

규슈 최대 번화가인 텐진 지하상가는 남북으로 약 590m에 걸쳐 있으며, 패션, 맛집, 서적 등 150여 개의 점포가 입점되어 있어 쇼핑하기 좋다. 지하상가의 특유 복잡한 분위기가 아닌 19세기 유럽을 테마로 한 고급스러운 분위기가 난다. 아크로스 후쿠오카, 이와타야 백화점 등 텐진 대표 명소 및 쇼핑몰과도 가까워서 함께 둘러보기 좋다.

Tip.
¥5,500 이상 구매 시 매장에서 바로 면세를 받을 수 있다.

② 
福岡PARCO
파르코백화점

Ⓐ 2 Chome-11-1 Tenjin, Chuo Ward
Ⓗ 10:00-20:30
Ⓜ 5-C

텐진역과 연결된 백화점으로 접근성이 좋아 많은 사람들이 찾는 곳이다. 맛집, 카페, 기념품 숍, 프릭스 스토어, 빈티지 숍 등 다양한 옷 쇼핑몰까지 180여 개의 매장이 입점되어 있다. 특히 현지인과 여행객 모두에게 인기 많은 짱구스토어를 빼면 섭섭하다. 포토존에서 짱구와 사진도 찍고 다양한 기념품도 구매할 수 있다.

③

天神中央公園
덴진 중앙공원

Ⓐ 1 Chome-1 Tenjin, Chuo Ward
Ⓗ 24시간 개방
Ⓜ 3-E

후쿠오카시 중심부에 위치한 덴진 중앙공원은 시민들의 휴식 공간이다. 공원 내에 있는 푸른 잔디 광장에서 피크닉을 즐기는 사람이 많다. 특히 벚꽃 명소로 유명하며 봄에 꽃놀이를 즐기는 사람들로 붐빈다. 벤치에 앉아 책 읽기 좋다. 특히 눈앞에 보이는 아크로스 후쿠오카가 예뻐서 함께 사진 찍기 좋다.

> **Tip.**
> 신호등 건너에 있는 텐진중앙공원에는 후쿠오카 3대 빵집 팽스톡과 국가 중요 문화재로 지정된 공회당 귀빈관이 있다.

④

天神 大名街
텐진 다이묘거리

Ⓐ 1 Chome-11-2 Tenjin, Chuo Ward
Ⓜ 5-C

후쿠오카 쇼핑이 목적이라면 절대 빠질 수 없는 다이묘 쇼핑 스트리트! 빈티지, 스트릿 브랜드 등 다양한 쇼핑이 가능하다. 계획 없이 걷다가 끌리는 곳만 들어가도 반나절. 특히 슈프림은 평일 오전에도 오픈런하는 사람이 많아 대기는 필수이다.

⑤

新天町商店街
신텐쵸 상점가

Ⓐ 2 Chome-9 Tenjin, Chuo Ward
Ⓜ 5-C

1946년부터 이어온 전통 깊은 상점가로, 한국 재래시장이 떠오른다. 롯데리아부터 라멘, 스시, 모츠나베 등 다양한 맛집과 드럭스토어가 있어서 사람이 끊이지 않는다. 정각이 되면 시계탑에서 음악에 맞춰 춤추는 인형을 볼 수 있다.

> **Tip.**
> 탑승 15분 전에 도착해야 한다.

⑥

那珂川リバークルーズ
후쿠오카 나카스 리버크루즈

Ⓐ 6-3-1 Nishinakasu, Chuo Ward
Ⓗ 11:00-21:30
Ⓟ 평일 30분 ¥1,000, 17시 이후 ¥1,500 / 주말 30분 ¥1,500 / 결제: 현금
Ⓜ 5-B

캐널시티에서 하카타 포트 타워까지 약 30분 동안 도는 코스이다. 스폿에 대한 가이드 설명도 있어 알찬 도시 투어가 가능하다. 강에 반사되는 도시 풍경과 선상 위 음악, 다과와 음료. 화려한 불빛은 덤!

후쿠오카의 명물,
포장마차 야타이 문화

하루 일과가 끝날 무렵, 또 다른 하루가 시작되는 후쿠오카의 밤거리. 일본에서는 포장마차를 야타이라고 부른다.
후쿠오카는 다른 일본 도시와 달리 노점 단속을 하지 않아 거리 곳곳에서 야타이를 쉽게 볼 수 있다.
현재 후쿠오카에는 약 100여 개의 야타이가 있으며,
활기찬 도시 분위기를 조성하는데 많은 기여를 한 덕분에 후쿠오카 관광지로 활성화됐다.
후쿠오카의 야타이는 텐진, 나카스, 나가하마 지역에 많이 자리하고 있으며
접근성이 좋아 현지인과 여행객 모두에게 로컬 문화로 사랑받고 있다.
일본 길거리 음식을 즐기는 것뿐만 아니라 현지인과 소통하며 여행의 추억을 쌓는 것도 야타이 묘미 중 하나이다.
술잔을 기울이다 보면 오랜 시간 자리에 머물게 되지만, 일본에서는 포장마차에서 오래 머무르는 것이 실례이므로,
음식을 빠르게 먹고 자리를 넘겨주는 것이 일반적이다.

야타이의 주요 메뉴

明太子焼き 멘타이코야키(명란 구이)
ラーメン 라멘(라면)
やきそば 야키소바(볶음 국수)
ギョウザ 교자(만두)
おでん 오뎅(어묵)
やきとり 야키토리(닭꼬치)
なまビール 나마비-루(생맥주)

야타이 이용 Tip.

❶ 1인 1메뉴 매너. 여럿이 안주 하나 시켜놓고 먹는 건 매너에 어긋나는 행동이다.

❷ 공중화장실 위치 체크. 야타이 피크 시간에는 사람이 많아서 화장실을 찾기란 쉽지 않다. 가까운 화장실을 미리 확인하는 게 마음 편하다.

❸ 한 테이블당 30~40분 정도 이용하는 것이 매너. 포장마차가 좁기 때문에 웨이팅은 기본이다. 단체석이 없으니 여럿이 함께 방문한다면 일찌감치 서두르는 것을 추천한다.

❹ 현금 필수. 카드가 가능한 곳도 많이 생겼지만, 혹시 모르니 현금을 두둑이 챙기는 걸 추천한다.

❺ 날씨 확인 필수. 비 오는 날엔 휴무인 곳이 많을 수 있으니 불필요한 걸음을 하지 않기 위해선 날씨를 꼭 확인해야 한다.

나가하마 포장마차거리

나가하마 선어시장에도 포장마차가 모여 있지만, 접근성이 좋지 않아 주로 현지인이 많이 찾는다.

> **Tip.**
> 나카스 포장마차거리 운영시간은 평일 18:00-23:00, 주말 18:00-24:00이지만 업체마다 다르니 참고만 하자.

나카스 포장마차거리

텐진 포장마차거리

텐진 포장마차거리

도심 속에서 즐길 수 있는 포장마차 거리로 메인 스트리트인 와타나베 거리 따라 이어져 있다. 나카스 포장마차에 웨이팅이 많아 텐진 포장마차로 오는 사람이 많다. 나카스 포장마차처럼 포장마차가 줄지어있기보다 두세 곳이 조금씩 모여 있기 때문에 거리마다 다른 풍경을 보며 포장마차를 즐기기 좋다. 또한, 돈코츠라멘, 스시, 명란계란말이 등 일본 음식뿐만 아니라 중식, 커피, 칵테일 등 다양한 메뉴도 있기 때문에 뭘 먹을지 고민된다면 밖에서 슬쩍 메뉴를 살피고 들어가자. 현지 로컬 분위기를 좀 더 즐기고 싶다면 텐진 포장마차거리를 추천한다. 나카스 포장마차보다 비교적 덜 분주하기 때문에 일본어가 가능하다면 사장님과 대화 나누며 좀 더 여행의 추억을 쌓기 좋다.

가는 법: 텐진미나미역 1번 출구에서 도보 3분
Ⓜ 5-D

나카스 포장마차 거리

나카스강 보며 맥주 마시기 좋은 야타이 명소이다. 강 따라 포장마차가 줄지어 있으며 해가 저문 이후에 포장마차가 오픈하기 때문에 후쿠오카 야경을 보기에도 좋다. 한국어로 된 메뉴판도 많아 주문의 어려움은 크지 않다. 물론 없는 곳은 파파고로! 꼬치, 어묵, 교자, 명란구이 등 맥주와 가볍게 먹기 좋은 안주들이 많다. 포장마차 사이사이 버스킹 공연이 있어 흥을 더해줄지도. 중앙에 푸드트럭과 테이블이 있어 음식 구매 후 테이블에서 먹을 수도 있다.

가는 법: 나카스카와바타역 5번 출구에서 도보 5분 소요
Ⓜ 3-F

建築物
THEME
휴식이 있는 전통 건축물

후쿠오카엔, 일본의 전통 건축 미학을 현대적으로 재해석한 건축물이 많아 건축 애호가들에게 주목을 받고 있다. 전통 건축 양식과 현대적 디자인이 조화를 이룬 건축물엔 시민들의 휴식이 빠지지 않는다.

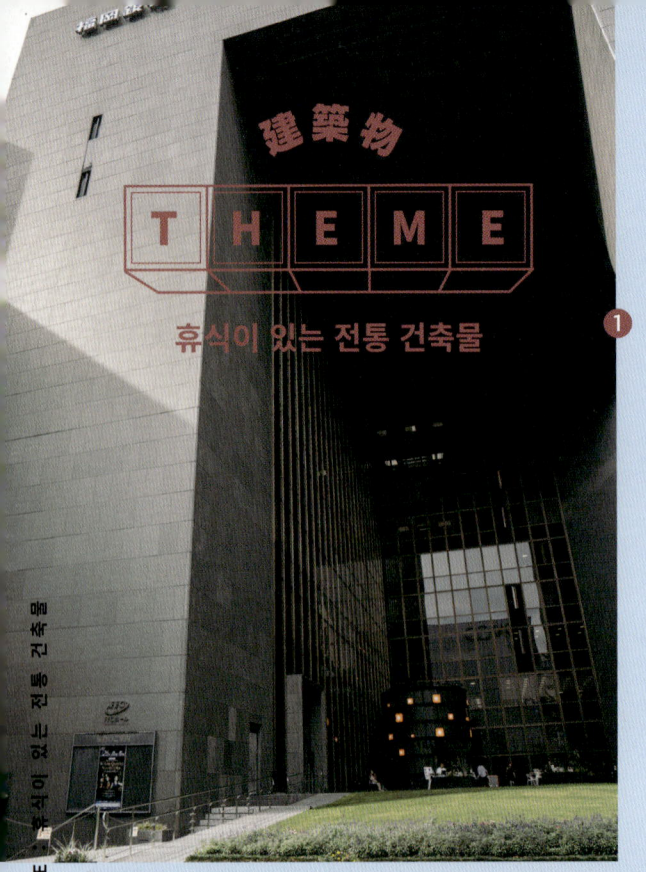

❶

❷

FUKUOKA ARCHITECTURE | 휴식이 있는 전통 건축물

福岡銀行 本店営業部
❶ 후쿠오카은행본점

Ⓐ 2 Chome-13-1 Tenjin, Chuo Ward
Ⓗ 09:00-15:00(주말 휴무)
Ⓜ 5-C

세계 최초 캡슐 호텔과 맨션을 건축한 구로카와 기쇼가 건축한 건물이다. 고개를 하늘 높이 들어야 할 정도의 큰 규모이며 1층에 넓게 뚫려 있는 원통형 공간이 특징이다. 아트리움 스타일로 빽빽하게 들어선 건물과 다르게 광장을 만들어서 휴식을 취할 수 있게 만들었다. 인터뷰에 의하면 내부와 외부의 공생, 공공기관과 사적 공간의 중간 영역을 설계했다고 한다. 특별한 장식이 없는 심플한 건축이지만 회색빛 건물과 자연의 광장이 주는 편안함이 있다. 1층에 카페도 있으니 정원 속에서 잠시 앉아있기 좋다.

福岡市赤煉瓦文化館
❸ 후쿠오카시 아카렌카 문화관

Ⓐ 1 Chome-15-30 Tenjin, Chuo Ward
Ⓗ 09:00-22:00(월 휴무)
Ⓜ 3-E

'붉은 벽돌' 뜻을 지닌 아카렌카는 한국은행을 설계한 타츠노 긴고가 건축한 건물이다. 1909년 일본 생명 주식회사의 규슈 지점으로 준공되었으나 중요문화재로 지정되면서 지금은 문화관으로 사용되고 있다. 1층에는 전시실, 카페, 담화실이 있고, 2층에는 유료로 이용할 수 있는 3개의 회의실이 있다. 붉은 벽돌이 눈에 띄는 건물로 문화관 앞에서 사진 찍는 사람들이 많다.

> **Tip.**
> 14층 전망대에서 트인 시야를 볼 수 있다. 토, 일, 공휴일 10시부터 16시까지만 개방한다.

旧福岡県公会堂貴賓館
❷ 구 후쿠오카현 공회당 귀빈관

Ⓐ 6-29 Nishinakasu, Chuo Ward
Ⓗ 09:00-18:00(월 휴무)
Ⓟ 입장료: ¥200, 소인 ¥100
Ⓜ 3-E

텐진중앙공원 안에 있는 메이지 시대 프랑스 르네상스 양식 목조 건물로, 국가 중요문화재로 지정된 곳이다. 1910년 제13회 큐슈 오키나와연합 공진회 때 내빈접대소를 겸하여 만들어졌다. 강변의 게스트하우스로 사용되다가 현재는 귀빈관의 역사, 옛 후쿠오카, 후쿠오카현청의 역사를 살펴볼 수 있는 박물관으로 자리하고 있다. 방마다 테이블이 있으니, 음료를 구매해서 마시기 좋다. 공원과 나카스 위 다리를 한눈에 볼 수 있다.

アクロス福岡
❹ 아크로스 후쿠오카

Ⓐ 1 Chome-1-1 Tenjin, Chuo Ward
Ⓗ 영업시간은 점포에 따라 다름
Ⓜ 3-E

국제, 문화, 정보의 교류 지점으로, 아르헨티나의 해체주의 건축가인 에밀리오 암바즈가 설계했다. 유리로 덮여 있으며 녹색정원의 계단식 테라스가 인상적이다. 새와 곤충을 위한 자연 서식지와 지붕 단열을 제공하여 에너지 소비를 줄여 일본 자연 친화적 에코 건축물이라고도 불린다. 가까이에서 보는 것도 좋지만 덴진중앙공원 쪽에서 바라보면 더 좋은 경관을 볼 수 있다. 지하 2층에서 지상 13층까지 확대되어 심포니 홀, 이벤트홀, 국제 회의장, 사무실, 레스토랑, 숍 등 여러 가지 기능을 담은 건축물이다.

03
Spots

キャナルシティ周辺
캐널시티 일대

도시 속의 오아시스라고 불리는 캐널시티는 패션, 라이프스타일, 화장품 등 다양한 브랜드가 입점되어 있어 쇼핑의 즐거움을 더한다. 캐널시티 야경을 배경으로 분수쇼를 보거나 저녁 식사하기 좋다.

Tip.
TAX FREE는 ¥5,000부터 가능하며 구매 당일 영수증을 챙겨서 지하 1층으로 가면 된다.(10:00-21:30)

①

キャナルシティ博多
캐널시티

Ⓐ 1 Chome 2 Sumiyoshi, Hakata Ward
Ⓗ 10:00-21:00
Ⓜ 3-F

도시의 극장이란 컨셉 아래 1996년에 문을 연 복합상업시설이다. 남북으로 흐르는 운하를 중심으로 호텔, 극장, 식당, 가게 등이 줄지어 있다. 분수쇼와 영화관 같은 다양한 엔터테인먼트 시설이 마련되어 있어 데이트 장소로도 인기가 많다. 저녁엔 캐널시티 야경과 함께 야타이 문화를 즐기기 좋아 후쿠오카를 방문하는 이들에게 필수 코스이다.

Plus Info

캐널시티 분수쇼

キャナルシティ博多 サンプラザステージ

매일 오전 10시부터 오후 10시까지 30분 간격으로 분수쇼를 진행한다. 6시부터 10시에는 '아쿠아 파노라마 쇼'를 관람할 수 있는데 이는 캐널시티 벽면 유리면에 3D 프로젝션 매핑 영상과 음악, 조명으로 펼쳐지는 쇼이다. 시간은 시즌별로 달라질 수 있으니 방문 전, 홈페이지를 확인해 보는 걸 추천한다. canalcity.co.jp/zh-tw/event/detail/503

> **Tip.**
> 하카타 기온 야마카사 축제에 사용하는 가마를 볼 수 있다. 구시다 신사 봉납 제사로 약 700년의 전통을 이어온 대규모 퍼레이드를 할 때 본 가마를 사용한다고 한다. 실제 크기의 8/10 가마이지만 실물과 비슷하게 제작되었다. 야마카사 축제는 7월 1일부터 15일간에 걸쳐서 진행된다.

②

ラーメンスタジアム
라멘스타디움

Ⓐ 1 Chome-2 Sumiyoshi, Hakata Ward
Ⓗ 11:00-23:00
Ⓟ 한국어 메뉴판: 키오스크 한국어 지원 / 결제: 현금
Ⓜ 3-F

라멘 먹으러 후쿠오카 간다는 말이 있을 정도로, 후쿠오카는 라멘의 성지이다. 특히 라멘스타디움은 일본 라멘 마니아라면 무조건 들르는 코스 중 하나로 캐널시티 5층에 위치한다. 일정 기간 심사하고 만족도가 낮으면 퇴출당하는 시스템이라 맛도 보장되어 있다. 쫄깃한 면발, 구수한 국물, 비주얼까지 합격! 다양한 돈코츠 라멘을 먹고 싶다면 당장 달려가자. 키오스크로 주문한 뒤 교환권을 직원에게 전달하면 라멘 주문 완료!

③

川端通商店街
카와바타상점가

Ⓐ 6-135 Kamikawabatamachi, Hakata Ward
Ⓗ 운영 시간: 점포마다 상이
Ⓜ 3-B

하카타에서 최초로 번성한 상업 마을로 130년 이상의 역사가 있다. 약 400m에 달하는 아케이드에는 130여 개의 노포와 신상 점포가 어우러져 의류, 기념품, 드럭 스토어, 식당 등 다양한 쇼핑을 즐길 수 있다. 당고와 같은 시장 간식부터 로컬 라멘 가게까지 다양한 선택지가 있다. 만약 뭘 먹어야 할지 모르겠다면? 모찌가 들어간 명물 카와바타 단팥죽 젠자이 히로바를 추천한다.

④

柳橋連合市場
야나기바시 시장

Ⓐ 1 Chome-5 Haruyoshi, Chuo Ward
Ⓗ 09:00-17:00(일 휴무)
Ⓜ 3-J

하카타 부엌이라 불리는 곳으로 현지인이 이용하는 재래시장 중 하나이다. 신선한 수산물부터 채소, 건어물, 멘타이코(명란젓) 등 다양한 식재료를 판매한다. 재래시장 규모가 크진 않지만, 카이센동 맛집부터 메론빵으로 유명한 타카시마야빵집, 80년 전통을 자랑하는 수제 어묵 가게 다카마츠노 가마보코, 나카스 강 보며 커피를 즐길 수 있는 로코웍스 커피 등 다양한 먹거리가 있어 눈과 입 모두 즐거워지는 곳이다.

04 Spots

シーサイドももち周辺
시사이드 모모치 일대

후쿠오카타워가 꼿꼿하게 자리를 지키고 있는 시사이드 모모치. 하카타에서 겨우 30분 정도 떨어져 있어 멀리 가지 않고도 휴양의 기분을 낼 수 있다. 따사로운 햇볕을 받아 반짝이는 모래알에서 비치볼도 가능하다!

①

福岡タワー
후쿠오카타워

Ⓐ 2 Chome-3-26 Momochihama, Sawara Ward
Ⓗ 09:30-22:00
Ⓟ 입장료: 성인 ¥800, 시니어(65세 이상) ¥720, 초·중학생 ¥500, 유아 ¥200
Ⓜ 4-C

> **Tip.**
> 타워에 올라가면 화장실이 없으니 미리 다녀오는 걸 추천한다.

후쿠오카를 대표하는 랜드마크 중 하나로, 주변에 높은 건물이 많지 않아 후쿠오카 시내, 모모치해변, 마린존까지 한눈에 감상하기 좋다. 일본 최고의 높이를 자랑하는 234m이다. 116m, 120m, 123m 3개의 주요 전망대가 있으며 123m까지도 고속 엘리베이터로 이동하여 순식간에 도착한다. 360도 파노라마 전망을 보면 입이 저절로 떡 벌어질지도. 약 8,000개의 반사 유리 패널로 덮여 있어 보는 각도에 따라 다양한 빛의 색깔을 볼 수 있다. 스카이 일루미네이션은 대표 포토존으로 야경을 배경으로 인생 사진을 남기기 좋다. 3층 '연인의 성지'에서 자물쇠로 사랑을 남길 수 있다.

②

シーサイドももち海浜公園
시사이드 모모치 해변공원

(A) 2 Chome-902-1 Momochihama, Sawara Ward
(H) 24시간
(M) 4-C

일본 후쿠오카 하카타만에 있는 인공 해변으로, 일본의 하와이라고 불린다. 모래사장 중심으로 이국스러운 외관을 자랑하는 마린존이 자리잡고 있으며, 여름철에는 백사장에서 해양 스포츠를 즐기는 사람을 쉽게 볼 수 있다. 석양 명소로도 유명하고, 저녁에는 거리 곳곳에 조명이 켜져 로맨틱한 분위기를 자아내 데이트 장소로도 인기가 많다.

Tip.
모모치 해변가에서 마린존을 배경으로 사진 찍는 여행객이 많다. 또한 마린존 뒤편에 있는 선착장에서 '우미노나카미치'로 가는 고속선을 탈 수 있다.

③

マリゾン
마린존

(A) 2 Chome-902-1 Momochihama, Sawara Ward
(H) 점포마다 다름
(M) 4-C

시사이드 모모치의 워터 프론트 시설로, 후쿠오카타워에서 도보 1분 거리에 위치해 있다. 야자수가 하늘 높이 뻗어 있어 이국적인 분위기를 자아내며 유럽풍의 건물들이 일본 건축물과 다른 매력을 보여준다. 마린존은 주로 웨딩 전용 공간으로 사용되기 때문에 내부 입장은 제한되지만, 주변에 카페와 레스토랑이 줄지어 있어 해안 전망을 보며 식사와 쇼핑을 즐기기 좋다.

©후쿠오카현 관광연맹

©후쿠오카현 관광연맹

©후쿠오카현 관광연맹

1929년에 개원한 호수공원으로 후쿠오카성을 지켰던 든든한 호수이다. 호수 안에 3개의 섬이 있고 모두 다리로 연결되어 있어 산책하기 좋다. 초록빛 나무와 푸른빛 호수를 보고 있다 보면 마음의 평화가 절로 찾아올지도.

05 Spots
大濠公園周辺
오호리공원 일대

①

大濠公園
오호리 공원

Ⓐ 公園管理事務所, Ohorikoen, Chuo Ward
Ⓗ 24시간 개방
Ⓜ 4-D

국가등록기념물로 지정된 오호리 공원은 현지인에게 인기 많은 휴식처이다. 호수를 중심으로 산책하거나 오리배를 타고 호수 위를 둘러보거나 벤치에 앉아 휴식을 취하기 좋다. 그늘 아래에서 돗자리 펴고 피크닉을 즐길 수도 있다. 공원을 한 바퀴 걷는다면 약 2시간 소요된다. 공원의 60% 이상을 차지하는 호수는 오후엔 윤슬이 아름답고 저녁엔 야경이 특히 아름답다. 봄에는 벚꽃으로 가을에는 단풍으로 유명하다.

Tip.
오리배는 11:00부터 18:00까지 영업하며 어른 2명, 아이 1명 기준, 30분에 ¥1,200이다. 인근에 오호리 공원 개원 50주년을 기념하여 만든 오호리 공원 일본 정원이 있다. 숲속 작은 길을 따라 걸으면 계절을 느낄 수 있는 다양한 식물들과 마주하게 된다.

②

スターバックスコーヒー 福岡大濠公園店
스타벅스 오호리공원점

- Ⓐ 1-8 Ohorikoen, Chuo
- Ⓗ 07:00-21:00
- Ⓟ 대표메뉴: 호지차 클래식 티 라떼, 에스프레소 아포가토 프라푸치노 블랜디드 크림, 멜라멜라 프라푸치노 블랜디드 크림
- Ⓜ 4-D

오호리 공원 안에 있는 스타벅스에서 통유리 너머의 호수 풍경을 보며 커피 마시기 좋다. 일본에서만 마실 수 있는 음료도 있으니 야외테이블에 앉아 산들바람 맞으며 휴식을 취해보자. 산책하는 현지인을 보며 평화로움을 만끽하는 건 덤!

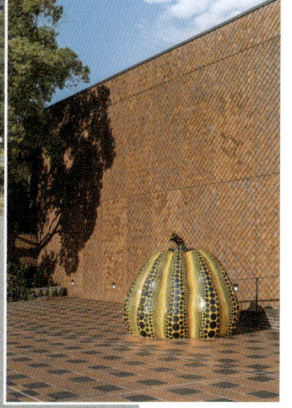

©후쿠오카현 관광연맹

③

福岡市美術館
후쿠오카시 미술관

- Ⓐ 1-6 Ohorikoen, Chuo Ward
- Ⓗ 화-일 09:30-17:30, 금·토 09:30-20:00(7월~10월)(월 휴무)
- Ⓟ 입장료: 일반 ¥200, 고등학생·대학생 ¥150, 중학생 이하 무료
- Ⓜ 4-D

호수 산책로를 따라 걷다 보면 마주할 수 있는 오호리 공원 내에 위치한 미술관이다. 중요문화재를 포함한 세계 근현대미술과 20세기 이후 현대 미술 작품이 상설 전시 중이다. 세계적인 명품을 포함하여 약 16,000점의 다양한 작품을 모두 감상할 수 있어 인기가 많다. 1, 2층에 있는 야외공간에서 예술 작품을 볼 수 있으며 특별전, 기획전뿐만 아니라 시민을 위한 다양한 프로그램도 열린다. 식당, 카페, 도서관에서도 휴식을 취할 수 있다. 쿠사마 야요이 <호박> 설치 작품에서 사진 찍는 여행객이 많다.

④

福岡城跡
후쿠오카 성터

- Ⓐ 1 Jonai, Chuo Ward
- Ⓗ 24시간 영업, 탐방관:09:00-17:00
- Ⓜ 4-D

Tip. 후쿠오카성을 가까이에서 체험할 수 있는 '후쿠오카성 무카시 탐방관'도 함께 둘러보길 추천한다.

초대 후쿠오카 번주 쿠로다 나가마사가 게이초6년(1601년)부터 7년간 축성한 성이 있던 자리이다. 이곳은 히라야마성으로, 대, 중, 소 각 천수대와 50여 개의 망루가 있었다. 현재는 타몬야구라(국가 중요 문화재), 시오미야구라, 시모노하시시고몬, 키넨야구라 등이 보존되어 있으며, 대천수대는 전망대로 활용되고 있다. 특히 성벽이 유명하며, 마이즈루 공원이라고도 불린다. 전망대에 오르면 오호리공원과 후쿠오카 시내를 한눈에 조망할 수 있다. 전망대로 가려면 구글맵에서 '천수대'를 검색하면 된다.

일본 하면 차분한 이미지가 떠오르기 때문에, 향긋한 커피가 제일 먼저 생각난다. 여행 중 느리지만, 깊은 휴식을 취하고 싶다면 야쿠인 카페거리가 제격이다.

06 Spots
薬院カフェ通り
야쿠인 카페거리

①
Filter Supply
필터 서플라이

매장 내에 로스팅기기가 있으며 취향 따라 다양한 원두를 선택할 수 있을 정도로 핸드드립에 진심이다. 커피 취향을 잘 모를 때 시향도 할 수 있다. 매장 자체는 아담한 편이라 사장님과 스몰 토크를 하며 커피에 관한 이야기를 나누기 좋다. 자신만의 커피 취향을 찾고 싶다면 방문해 보자!

Ⓐ 1 Chome-15-17 Takasago, Chuo Ward
Ⓗ 금-토 12:00-17:00, 일-화 12:00-18:00(수, 목 휴무)
Ⓟ 결제: 현금
Ⓜ 3-I

Tip.
원두 200g이상 구매 시 커피 한 잔 무료이다.

②
Stereo Coffee
스테레오 커피

Ⓐ 3 Chome-8-3 Watanabedori, Chuo Ward
Ⓗ 월, 화, 목 10:00-21:00, 금 10:00-22:00, 토 09:00-22:00, 일 09:00-21:00(수 휴무)
Ⓟ 추천메뉴: 카페라떼 Ⓜ 3-I

야쿠인 카페거리에서도 핫플레이스이다. 30년의 2층 구조를 리노베이션하여 1층은 스탠딩 카페, 2층은 갤러리 전시와 각종 굿즈를 판매한다. LP와 스피커가 있어 문을 열자마자 좋은 음악에 매료되기 좋다. 가게 앞 파란 벤치와 로고에서 인증샷을 남기는 사람이 많다.

Tip.
음료와 따뜻한 샌드위치가 나오는 모닝 세트 구매 시 ¥100이 할인된다. 오픈부터 12시까지만 적용되니 아침 식사로 추천한다.

③

Abeki
아베키

Ⓐ 3 Chome-7-13 Yakuin, Chuo Ward Ⓗ 12:00-17:30(일 휴무)
Ⓟ 추천 메뉴: 블랙커피,치즈케이크 / 결제: 현금
Ⓜ 3-I

정갈하면서 모던한 분위기의 카페로, 커피 장인 느낌이 난다.
사장님은 하얀 가운을 입고 있으며 성스러운 음악이 나오기
때문에 저절로 경건해진다. 로컬 특유 감성과 차분한
분위기 덕분에 창문 밖 전망을 바라보며 커피 마시기 좋다.
여행객에게도 소문이 나서 웨이팅이 있을 수 있단 사실!
촉촉 꾸덕꾸덕한 치즈케이크는 필수니 커피와 함께 꼭
먹어보기를.

④

No Coffee
노커피

Ⓐ 3 Chome-17-12 Hirao, Chuo Ward
Ⓗ 10:00-18:00
Ⓟ 추천메뉴: 블랙라떼말차라떼, 스마일 쿠키
Ⓜ 3-I

흑백 모노톤으로 곳곳이 포토존이라고 할 수 있을 정도로 카페 자체가
예쁘다. 한국에서 자주 볼 수 있는 콘크리트 인테리어라 익숙하면서
세련됐다. 주민들의 휴식 카페로 가볍게 커피를 마실 정도의 아담한
크기이다. 블랙라떼가 시그니처 메뉴이며 대나무숯을 사용하여
검은색이 특징이다. 라이프스타일 카페를 지향하여 의류, 액세서리,
에코백 등 다양한 굿즈도 판매한다.

07 Spots
海の中道
우미노나카미치

Tip.
- 휠체어와 유모차는 무료로 대여 가능하다.
- 코인락커와 수유실 등의 시설을 갖추고 있다.
- 돌고래쇼 앞자리는 물이 튈 수 있으니 우산 챙기는 걸 추천한다.

후쿠오카 시내에서 한 시간만 이동하면 탁 트인 바다와 그림 같은 풍경을 감상할 수 있다. 활발한 시내와 달리 또 다른 여유로움을 느낄 수 있어 혼자, 가족, 친구끼리 찾기 좋다.

①

マリンワールド海の中道
마린월드 우미노나카미치

- Ⓐ 18-28 Saitozaki, Higashi Ward
- Ⓗ 매일 09:30-17:30
- Ⓟ 입장료: 성인 ¥2,500, 초·중·고등학생 ¥1,200, 유아 ¥700, 실버 ¥2,200 Ⓜ 2

후쿠오카 최대 규모 아쿠아리움이다. 다양한 수중생물을 보는 걸 넘어서 해변을 배경으로 동물쇼까지 함께 즐길 수 있어 인기가 많다. 총 10개의 전시관으로 구분되어 있고 펭귄, 돌고래, 물개 등 다양한 동물뿐만 아니라 150마리 이상의 화려한 열대어, 상어 등을 눈으로 볼 수 있다.

Plus Info

마린월드 가는 법 자세히 보기 ▶

❶ **JR 기차: 하카타역에서 마린월드(약 40분 소요)**
- 하카타역 '북큐슈레일패스 교환소 옆 티켓 창구'에서 우미노나카미치역 왕복 기차와 마린월드 입장권을 구매한 후 2번 승강장에서 탑승하면 된다. 가시이역에서 내린 뒤 4, 5번 승강장으로 이동하여 우미노나카미치행 탑승, 우미노나카미치역에 내리면 도착!

❷ **페리: 하카타항에서 마린월드(약 20분 소요)**
- 하카타항에 국제선과 국내선이 같이 있어 헷갈릴 수 있으니 베이사이드 플레이스 하카타에서 하카타 부두 제 1터미널로 이동하는 걸 추천한다. 4번 우미노나카미치 파란선으로 탑승하면 된다. 위치는 변경될 수 있으니 탑승 전, 확인은 필수!
- 하카타 버스터미널에서 티켓을 구매하지 못했다면 하카타부두 제 1터미널에서 승선권 구매 가능하다. 승선권은 출항 20분 전부터 판매하며 성인 기준 편도 ¥1,200이다. (현금 결제)
  Tip. 페리왕복권, 마린월드 입장권은 하카타버스터미널 3층에서 할인된 금액으로 구매 가능하다. (성인 ¥4,350, 미취학 아동 페리 무료, 마린월드에서 입장권 구매), 페리 시간은 계절마다 변동이 있을 수 있으니 시간 체크는 필수이다.

❸ **택시(약 30분 소요)**
- 우버 어플로 마린월드까지 약 ¥5,600, 하카타 시내로 올 때 약 ¥7,200 정도의 요금이 나온다.
- 우버 프로모션 이용 시 할인이 되니 가족끼리 이동할 경우 더욱 경제적이다.

❹ **버스: 텐진에서 마린월드(약 1시간 소요)**
- 덴진욘초메(Tenjin 4 chome)에서 25A 버스를 탑승하고 우미노나카미치역까지 간 뒤 4분 정도 걸으면 마린월드에 도착할 수 있다.

②

博多ポートタワー
하카타 포트 타워

Ⓐ 14-1 Chikkohonmachi, Hakata Ward
Ⓗ 10:00-20:00(수 휴무)
Ⓜ 2

1964년에 세워진 약 100m 높이의 타워이다. 무료 전망대라 나미하노유 온천을 즐기고 가볍게 둘러보기 좋다. 엘리베이터 탑승 후 전망대에 도착하면 하타카항 바다와 페리 선박 등을 한눈에 내려다볼 수 있다. 1층에는 한글로 된 하카타항 관련 자료를 볼 수 있는 작은 전시장이 있다.

③

海の中道海浜公園
우미노나카미치 해변공원

Tip. 하카타역 기준 약 40~50분 소요되기 때문에 하루 잡고 여행하는 걸 추천한다.

Ⓐ 18-25 Saitozaki, Higashi Ward
Ⓗ 09:30-17:00(화 휴무)
Ⓟ 입장료: 성인 ¥450, 중학생 이하 무료, 실버 ¥210(자전거 ¥600) / 결제: 현금
Ⓜ 2

자전거 타고 투어할 수 있도록 길이 잘 조성되어 있다. 플라밍고, 앵무새 등 약 50종 500마리 이상의 동물들이 서식하고 있으며 1,200종 이상의 식물이 있어 가족 여행으로도 좋은 명소이다. 공원이 넓으며 깨끗하게 관리되어 있어 피크닉으로 와도 좋다.

子供と一緒に
THEME

어린이와 함께 가기 좋은 스폿

아이들은 어린 시절, 온 가족이 함께 웃고 즐기는 순간을 평생 기억한다고 한다. 아이들에게 먼 훗날 힘이 될 좋은 추억을 남겨주고 싶다면 이곳은 어떨까?

Tip. 유모차는 인포메이션에서 ¥330으로 대여 가능하다.

福岡市動植物園
후쿠오카시 동식물원

ⓐ 1-1 Minamikoen, Chuo Ward
ⓗ 09:00-16:30(월 휴무)
ⓟ 입장료: 성인 ¥600, 고등학생 ¥300, 중학생 이하 무료 / 결제: 현금
ⓜ 4-F

아이들의 시선을 고려하여 구성된 동식물원이다. 홍학, 코뿔소, 여우, 기린 등 다양한 동물을 만난 뒤 슬로프카를 탑승하면 식물원까지 갈 수 있다. 알록달록한 꽃과 온실 속에서 산책하며 여유를 느끼기 좋다. 전망대에 오르면 후쿠오카 시내를 한눈에 조망할 수 있다.

福岡アンパンマンこどもミュージアムinモール
후쿠오카 호빵맨 어린이 박물관

- Ⓐ 5F-6F, 博多区下川端町3-
- Ⓗ 10:00-17:00
- Ⓟ 입장료: 평일 ¥2,000, 주말 ¥2,200, 11개월 이하 무료
- Ⓜ 5-B

나카스카와바타역에 내린 뒤 호빵맨 따라 박물관으로 가면 된다. 하카타 리버레인몰 5층, 6층에 있다. 호빵맨 관련 체험을 할 수 있고 미끄럼틀 등 놀이기구도 있어 아이들에게 인기가 많다. 시간마다 있는 공연은 놓치면 섭섭하다! 호빵맨 콘서트 느낌으로 아이들과 함께 즐기기 좋다. 카페, 식당, 굿즈숍 등이 있으니 지갑 속 지폐는 필수이다. 오픈런해도 10분 정도 대기 있을 수 있다.

Tip.
- 수유실, 기저귀 갈이대 등 아기를 위한 시설을 보유하고 있다.
- 호빵맨박물관 내 유모차 반입 불가로 유모차 주차장에 주차 후 입장할 수 있다.

福岡おもちゃ美術館
후쿠오카 장난감 미술관

- Ⓐ 6 Chome-23 オーバルパーク, Naka, Hakata Ward
- Ⓗ 10:00-18:00
- Ⓟ 입장료: 어른 ¥1,600,
어린이(6개월~초등학생) ¥1,200(무제한 기준),
라라포트 유모차 대여 ¥100

라라포트 내에 있는 원목 키즈카페, 장난감 미술관이다. 후쿠오카산 목재를 사용해 내부에 들어서는 순간 은은한 나무 향이 퍼져 기분을 좋게 한다. 약 8,000개의 장난감이 전시되어 있으며, 직접 만지고 놀 수 있다. 빨간 앞치마를 착용한 직원분들이 아이를 살펴주고 중간중간 놀아주기도 한다. 나이별로 놀 수 있는 구간이 나누어져 있으니 안전하게 체험하고 즐기기 좋다.

伝統

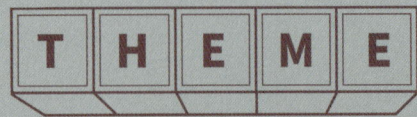

후쿠오카의 변하지 않는 전통 문화

후쿠오카의 미네랄 풍부한 물과 고품질 쌀로 빚어진 니혼슈는 부드럽고 깔끔한 목 넘김을 자랑하며, 마실수록 진가를 발휘한다. 780년 역사를 가진 하카타오리와 섬세한 공예품 하카타 인형 등 장인의 기술과 지역의 문화유산을 그대로 담아냈다. 이처럼 후쿠오카는 그들만의 고유의 전통문화를 잘 지켜오고 있다.

> **Tip.**
> 특별전시관은 전시에 따라 입장료 별도이다.

福岡市博物館
후쿠오카시 박물관

- Ⓐ 3 Chome-1-1 Momochihama, Sawara Ward
- Ⓗ 09:30-17:30(월 휴무)
- Ⓜ 4-C

후쿠오카 역사, 문화를 살펴볼 수 있는 박물관이다. 관광객을 위한 음성 가이드 또는 큐알코드가 있으니 설명을 참고하며 관람하기 좋다. 상설 전시관과 특별 전시관 입장료는 별도이며 특별 전시관에서는 지브리전, 세일러문 뮤지엄 전시 등을 진행했었다. 상설 전시관에서 후쿠오카 역사, 문화를 살펴볼 수 있으며 기념품숍에서 굿즈 구매도 가능하다. 박물관 앞에는 연못과 함께 예술 조각상들이 전시되어 있어 구경하며 산책하기 좋다.

はかた伝統工芸館
하카타 전통공예관

- Ⓐ 3 Chome-1-1 Momochihama, Sawara Ward
- Ⓗ 09:30-17:30(월 휴무)
- Ⓟ 입장료: 무료, 하카타오리 일부 체험(무료)
- Ⓜ 3-B

후쿠오카를 대표하는 전통공예품과 하카타오리, 하카타 인형 등 가치 있는 작품이 전시되어 있다. 자색, 청색, 홍색, 황색, 감색의 오색직물이 유명하다. 장인의 전통과 기술을 지키며 보존하고 체험할 수 있도록 다양한 전시와 시연을 통해 여행객에게 가치를 전하고 있다.

Tip.
- 매일 11~13시, 15~17시에 하카타 직물 체험이 가능하다.
- 기념품숍이 비어있을 때 ¥1,000(현금)으로 일본 전통 차체험을 할 수 있다. 간단한 체험이지만, 녹차의 떫은 맛이 없고 부드러워서 가볍게 경험 할만 하다.

博多町家ふるさと館
하카타 향토관

Ⓐ 6-10 Reisenmachi, Hakata Ward
Ⓗ 10:00-18:00(넷째주 월 휴무)
Ⓟ 입장료: 성인 ¥200, 어린이 무료 / 결제: 입장료는 현금, 카드 가능하지만 체험은 현금만 가능하다.
Ⓜ 3-B

일본 옛 감성을 느끼기 좋은 곳이다. 전시동에서 하카타 축제, 생활과 문화, 전통 등을 살펴볼 수 있고 선물동에서는 각종 전통 공예품을 구매할 수 있다. 전시동 2층에서 전통 공예사가 현장에서 공예품 만드는 모습도 놓치지 말자! 하카타 직물 제조원의 주거 겸 공장인 마치야 홀은 마치야를 이축 복원한 것으로 후쿠오카 지정 문화재로 지정되었다.

博多織ギャラリー
하카타오리 공원 조합

Ⓐ 福岡県福岡市博多区奈良屋町5番10号
Ⓗ 10:00-18:00(주말 휴무)
Ⓟ 입장료: 무료

1976년 국가 전통 공예품을 지정받은 하카타오리는 세로로 가는 실을 사용하고 가로는 굵은 실을 강하게 고정시켜 세로된 실을 띄워 모양을 낸다. 780여 년의 역사와 전통을 계승하는 오리모토나 손으로 짠 작가의 대표작을 볼 수 있다. 체험 요소는 없지만, 전통 공예를 즐기기엔 좋다. 사진은 찍을 수 있지만 클로즈업하여 찍는 건 안 된다.

石蔵酒造 博多百年蔵
사케 양조장 하쿠넨구라

Ⓐ 1 Chome-30-1 Katakasu, Hakata Ward
Ⓗ 11:00-17:00(화 휴무)
Ⓟ 가격: 주류마다 다름
Ⓜ 3-C

150년 이상의 전통을 지닌 하카타 거리 유일 주조장이다. 일본 전통 사케 양조 기술을 계승하고 있는 곳으로 고품질 쌀, 맑은 물의 재료로 생산되고 있다. 부드러운 목 넘김, 은은한 향과 깔끔한 맛이 특징이다. 직원에게 코인을 받은 뒤 원하는 사케에 코인을 넣어 무료로 시음할 수 있다. 사케뿐만 아니라 사케잔, 기념품도 판매하며 생사케를 즉석에서 병입해 주는 퍼포먼스도 볼 수 있다.

Tip.
일본 사케 대회에서 많은 수상 이력이 있는 준마이 다이긴죠 시음을 추천한다.

寺院
THEME

고즈넉한 사찰

고즈넉한 사찰의 운치와 도시의 활력을
함께 느끼기 좋은 지역,
산책과 함께 일본의 신토 문화를 경험하기 좋다.

Tip.
바위 앞, 소원 비는 곳으로 가면, 작은 거울을 볼 수 있다. 거울 속 자신의 모습을 비추며 소원을 말하면 된다. 신사에 들어가기 전, 테미즈야에서 손과 입을 씻는 것도 잊지 말자.

Tip.
후쿠오카 유일 블루보틀과 연결되어 있어 커피 한잔의 여유를 찾기 좋다.

住吉神社
스미요시신사

- Ⓐ 3 Chome-1-51 Sumiyoshi, Hakata Ward
- Ⓗ 09:00-17:00
- Ⓜ 3-J

바다로 나갈 일이 많은 일본 지리적 특성상 '항해의 신'을 모시는 스미요시 신사가 일본에만 2,000개가 넘는다. 그중 후쿠오카 스미요시는 1,800년 전에 세워졌으며 후쿠오카 도심에 위치하여 접근성이 좋아 현지인들도 많이 찾는다. 큰 도리이 뒤로 초록빛 나무가 있어 산속 힐링하는 기분도 느낄 수 있다. 불경과 새소리가 들리는 고즈넉한 사찰을 산책하며 소원을 빌어보는 건 어떨까?

警固神社
케고신사

- Ⓐ 2 Chome-2-20 Tenjin, Chuo Ward
- Ⓗ 06:30-18:00
- Ⓜ 5-D

후쿠오카 영주가 지역의 안전과 평화를 기원했던 이곳은 많은 사람들이 소원을 빌기 위해 찾는다. 현지인의 마음의 안식처인 만큼 깔끔하게 관리되고 있다. 오미쿠지(운세)를 통해 좋은 운세는 가져가고 나쁜 운세는 신사에 묶고 오면 된다. 케고신사에서 일본 전통 혼례를 하는 사람도 있다. 케고공원과도 인접해 있어 쇼핑으로 바쁜 하루를 보냈다면 잠시 쉬어가자.

Tip. 함께 가면 좋을 곳

楽水園
라쿠스이엔

- Ⓐ 2 Chome-10-7 Sumiyoshi, Hakata Ward
- Ⓗ 09:00-17:00(화 휴무)
- Ⓟ 입장료: 성인 ¥100, 어린이(중학생 이하) ¥50 / 결제: 현금
- Ⓜ 3-J

라쿠스이엔 정문으로 들어가는 입구 담벼락은 하카타 베이라고 불리는 돌담이다. 전쟁으로 무너진 벽을 점토, 돌, 기와로 만든 흙담이라고 생각하면 된다. 도심 속 정원으로 입구부터 초록빛 나무들이 줄지어 있으며 정원, 폭포 등이 있어 힐링하기 좋다. 다다미방에서 일본 문화를 느끼며 다도체험도 가능하다. 온화한 분위기 속에서 산들산들 불어오는 평화를 느껴보자.

기온

후쿠오카에서도 오랜 역사와 전통을 지닌 지역 중 하나로 고요하고 평온한 분위기이다.
일본 불교 문화의 사찰의 정취를 체험해 보자.

동장사(토초지)

죠텐지

쇼후쿠지

하카타 천년문

東長寺
동장사(토초지)

Ⓐ 2-4 Gokushomachi, Hakata Ward
Ⓗ 09:00-16:45 Ⓟ 입장료: 참배료 ¥300 Ⓜ 3-C

일본 최대 목조 대불 좌상으로 유명한 신사로, 기온역 1번 출구로 나오자마자 볼 수 있다. 일본 국보로 지정된 후쿠오카 대불, 육각당, 오층탑, 국가중요문화재로 지정된 천수관음보살상 등 볼거리가 많다. 특히 대불전에 모신 후쿠오카 대불은 높이가 10.8m로 일본에서 가장 크다. 불상 아래로 난 작은 입구로 들어가면 짧은 지옥 순례를 경험할 수 있다.

博多千年門
하카타 천년문

Ⓐ 1 Chome-7-29-9 Hakata Ekimae, Hakata Ward
Ⓗ 08:45-17:15(주말 휴무) Ⓜ 3-C

사찰이 많은 거리로 안내하는 문이다. 우리나라에서는 꼼데가르송 바로 앞에 있는 문으로 더 유명하다. 하카타의 역사와 향후 1,000년 뒤의 번영을 기원하는 마음이 담겨 있다. 지붕 아래 하카타 특산 견직물인 하카타오리 전통 문양도 볼 수 있으니 놓치지 말자.

承天寺
죠텐지

Ⓐ 1 Chome-29-9 Hakata Ekimae, Hakata Ward
Ⓗ 08:30-16:30 Ⓜ 3-C

우동과 소바 발상지로 알려진 사찰로 일본 식문화에 큰 영향을 준 곳이다. 쇼이치 국사가 송나라에서 제분, 제법 기술 등 다양한 문화를 일본에 들여오면서 우동, 소바, 양갱의 제조법 등이 전파됐다. 신사 안에 돌과 모래로 산수 풍경을 표현한 곳까지 둘러보는 걸 추천한다.

聖福寺
쇼후쿠지

Ⓐ 6-1 Gokushomachi, Hakata Ward
Ⓗ 08:00-17:00 Ⓟ 입장료: 무료 Ⓜ 3-C

쇼호쿠지는 일본 최초 선종 사찰로 900년의 역사를 지녔다. 경내가 넓고 잘 정비되어 있어 식물원에 온듯한 착각이 든다. 1195년에 건축되었으며 현판에 일본 최초의 선원을 뜻하는 「후소최초선굴(扶桑最初禅窟)」이 있으며 현재 국가 사적으로 지정되어 있다.

EAT UP

관광보다 먹방이 취향이라면? 후쿠오카에 간다면 무조건 코스에 넣어야 할,
현지인과 여행객 모두가 만족한 감동 맛집 리스트! 안 가면 손해!
1박 10끼 목표로 먹을 준비가 되었다면 다음 장을 넘겨보자.
기깔난 맛집만 담았으니 이제 먹기만 하면 된다.

01
HAKATA RAMEN : 하카타 라멘 맛집

02
UDON AND SOBA : 하카타 우동 소바 맛집

03
EATING ALONE : 혼밥하기 좋은 식당

04
RICE BOWL : 푸짐한 덮밥

05
JAPANESE SET MEAL : 일본식 한상차림

06
GYOZA : 맥주 안주로 좋은 교자

07
YAKINIKU : 입에서 살살 녹는 야키니쿠

[SPECIAL]
SUSHI : 현지인이 추천하는 스시 맛집

[SPECIAL]
IZAKAYA : 술이 술술 들어가는 이자카야

08
MOTSUNABE : 탱글한 대창, 모츠나베 맛집

09
MIZUTAKI : 국물이 일품인 미즈타키

10
DESSERT : 달콤한 디저트 맛집

11
COFFEE : 현지인도 줄서서 마시는 커피 맛집

12
KISSATEN : 오랜 세월을 간직한 킷사텐

13
BAKERY : 후쿠오카 3대 빵집과 나만 알고 싶은 숨은 빵집

14
BAR : 분위기 잡고 싶은 날엔, 칵테일 바

15
BAR : 현지인 술집 분위기를 즐기고 싶다면, 타치노미

HAKATA RAMEN : 하카타 라멘 맛집

후쿠오카 하카타 라멘 소개

돈코츠 라멘의 본고장, 후쿠오카.
1937년 미야모토 토키오가 후쿠오카 야타이에서 발명한 요리이며
실수로 돼지 통뼈를 오래 끓이는 바람에
우윳빛 국물이 탄생했다고 전해진다.
돼지뼈를 오랜 시간 삶은 육수와 얇은 면발이 특징이다.
취향에 따라 차슈, 파, 김 등의 토핑을 추가하면
더 맛있게 라멘을 먹을 수 있다.
후쿠오카 번화가인 하카타 이름을 따서 하카타 라멘 또는 돈코츠
라멘이라 부른다.

INFO
- Ⓐ 5 Chome-3-2 Nakasu, Hakata Ward
- Ⓗ 24시간
- Ⓟ 대표 메뉴: 이치란 5선
- Ⓜ 3-A

면의 익힘 정도 표현하기

면은 꼬들꼬들(麺はこりこり 멘와 코리코리)
면은 중간 익힘(麺は中茹で 멘와 나카 유데)

이치란 라멘

> 아침 9시 30분 이전, 오후 1시 이후
> 방문 시 비교적 웨이팅이 적다.

 一蘭 本社総本店
이치란 라멘

나카스강 바로 앞에 위치한 이치란 라멘 본점은 보통 20분 내로 입장한다. 기다리는 동안 메뉴 체크 후 키오스크로 주문하면 된다. 좌석 현황도 실시간으로 볼 수 있다. 메뉴 주문 후 주문 용지에 맛, 맵기 정도, 파 종류 등을 선택하면 된다. 기본 라멘에서 취향에 따라 토핑을 추가하거나 이치란 5선을 선택하는 사람이 많다. 1인석으로 되어 있어 편하게 식사가 가능하다. 담백하고 진한 국물에서 느껴지는 라멘의 풍미! 현지인은 보통 맵기를 2단계로 하지만, 한국 사람은 3, 4를 많이 선택한다고 한다. 맵찔이도 먹을 수 있는 정도!

INFO
- Ⓐ 1F, 2 Chome-5-25 トラストパーク長浜3, Nagahama, Chuo Ward
- Ⓗ 06:00-01:45
- Ⓟ 대표메뉴: 라멘 / 결조: 현금
- Ⓜ 4-D

 元祖 長浜屋
간소 나가하마야

포장마차에서 시작한 돈코츠라멘 원조 맛집으로 1952년에 개업했다. 선어시장 부근에 있어서 어시장 구경 후 가볍게 먹기 좋다. 식권 발매기에서 식권을 발매하고 매장으로 들어가면 된다. 웨이팅이 있는 편이지만, 합석할 수 있고 회전율이 빨라서 생각보다 오래 기다리지 않을 수 있다. 주문하면 5분 이내에 나오기 때문에 라멘을 후루룩 먹기 좋다. 테이블에 소스, 참깨, 후추가 있으니, 라멘이 나오면 취향에 맞게 소스를 넣으면 된다.

一風堂 大名本店
하카타 잇푸도 다이묘

1985년부터 자리를 지킨 일본 3대 라멘 중 하나이다. 11시간동안 육수를 끓이기 때문에 구수하고 진한 국물 맛을 낸다. 원조 돈코츠라멘 '시로마루 모토아지', 간장의 감칠맛과 마늘 기름, 특제 매운 된장으로 돈코츠에 깊이를 더한 '아카마루 신아지', 깔끔한 맑은 돼지 육수로 오직 본점에서만 맛볼 수 있는 '소유라멘'까지! 부드러운 차슈, 짠맛이 강하지 않는 육수, 쫄깃하고 얇은 면발이 더해진 라멘이다.

INFO
- Ⓐ 1 Chome-13-14 Daimyo, Chuo Ward 810-0041
- Ⓗ 11:00-22:00
- Ⓟ 대표 메뉴: 시로마루 모토아지
- Ⓜ 5-C

博多らーめんShinShin 天神本
신신라멘 텐진본점

진하고 깔끔한 사골 육수라 한국 여행객이 좋아할 만한 라멘이다. 전통 조리법을 기본으로 육수를 내고 채소를 넣어 잡내를 제거하면서 감칠맛을 더했다. 계란도 부드럽고 면도 쫄깃하여 후쿠오카에 방문할 때마다 먹는다는 사람이 많을 정도! 차슈가 많이 들어가면 느끼할 수 있으니 취향껏 선택하는 걸 추천한다.

INFO
- Ⓐ 3 Chome-2-19 Tenjin, Chuo Ward
- Ⓗ 11:00-03:00(수 휴무)
- Ⓟ 대표메뉴: 맛계란 라멘
- Ⓜ 5-A

博多一幸舎 総本店
잇코샤 총본점

보글보글 올라온 거품이 눈에 띄는 라멘이다. 차슈와 달걀, 다시마 등 각종 토핑이 들어가있다. 오픈형 주방이라 돼지뼈를 삶고 육수내는 과정을 볼 수 있다. 라멘이지만 국밥에서 느낄 수 있는 깊고 진한 육수의 맛이 일품이다. 키오스크에서 선결제하고 자리에 앉으면 직원이 면의 익힘 정도를 물어본다.

INFO
- Ⓐ 3 Chome-23-12 Hakata Ekimae, Hakata Ward
- Ⓗ 11:00-22:30
- Ⓟ 대표메뉴: 돈코츠라멘 / 결제: 현금
- Ⓜ 3-G

三味(333) 天神大名本店
산미(333) 텐진 다이묘

MZ세대의 입맛을 확 사로잡은 라멘 맛집이다. 후쿠오카 3대 라멘집을 자주 가서 좀 더 이색적인 라멘을 먹고 싶다면 추천한다. 토마토와 야채 베이스로 만든 육수로, 새콤한 맛이 강하지 않으면서도 매콤한 맛과 조화롭게 어우러진다. 라멘 국물로 리조또를 만들어 먹으면 나도 모르게 박수를 치게 될지도. 새콤한 맛보다 진한 국물이 특징이며, '매운맛'은 신라면보다 얼큰한 편이다.

INFO
- Ⓐ 2F パサージュビル, 1 Chome-12-58, Chuo Ward, Daimyo
- Ⓗ 24시간
- Ⓟ 대표 메뉴: 토마토라멘 / 결제: 현금
- Ⓜ 5-C

T멤버십 제휴처로 멤버십 카드를 보여주면 사이드 메뉴 (리조또)를 증정받을 수 있다. 단, 해외 인증이 필요하기 때문에 로밍한 사람만 가능하다.(이심 사용 불가)

UDON AND SOBA : 하카타 우동 소바 맛집

후쿠오카 하카타 우동·소바 소개

조텐지의 승려 쇼이치 국사가 송나라에서 돌아오는 길에 우동과 소바 제법을 들여와 하카타에 전파했다. 처음에는 승려와 상류층만 먹던 음식이었지만, 에도시대에 조금씩 알려지며 대중화가 되었다. 다른 지역의 쫄깃한 면발과 달리 하카타 우동은 부드럽고 잘 끊어지는 게 특징이다. 밀가루, 소금, 물로 반죽하여 숙성하며 면을 만든다. 멸치와 다시마, 해산물을 함께 우려 국물 역시 기본에 충실하였으며 어묵, 파, 고기 등의 가벼운 토핑과도 잘 어울린다. 우리나라에선 면을 먹을 때 조용히 먹는 게 예의일 수 있지만 일본에선 후루룩하고 소리를 내며 먹는 게 예의이다.

INFO
- Ⓐ 2 Chome-1-16 Daimyo, Chuo Ward
- Ⓗ 목-월 11:30-15:00, 17:00-21:00, 화 11:30-15:00(수 휴무)
- Ⓟ 대표메뉴: 세이로소바, 오로시소바, 텐세이로 소바 / 결제: 현금
- Ⓜ 5-C

테우치소바 야부킨

---

1. 手打ち蕎麦 やぶ金
테우치소바 야부킨

텐진 다이묘거리 중심가에 있는 일본 전통 소바 맛집이다. 유형문화재로 등록된 집을 식당으로 리뉴얼했기 때문에 언뜻보면 식당같지 않다. 1950년부터 3대 전통을 잇는 곳으로 면부터 육수까지 직접 만든다. 메밀이 제일 맛있는 시기에 메밀가루를 엄선한다고 하니 맛이 있을 수밖에! 전통방식으로 소바를 만들기 때문에 테우치소바만의 비법과 전통을 느끼기 좋다. "이 집 잘하네"라는 말이 절로 나올 정도로 담백하게 맛있다.

2. そばと酒と天ぷら 素や
소바 토사케토 텐푸라 모토야

홋카이도산 메밀가루를 사용한 소바 맛집이다. 100% 메밀가루를 사용하기 때문에 소바 자체의 맛이 좋다. 소바에 파, 와사비를 넣어 같이 곁들여 먹는 것도 맛있게 먹는 방법 중 하나이다. 현지인에게 많이 알려진 맛집이기 때문에 로컬 소바 맛이 궁금하다면 추천한다.

12시 전에 방문하면 웨이팅이 많을 수 있다.

INFO
- Ⓐ 7-1 フジメンビル 1階, Tenyamachi, Hakata Ward
- Ⓗ 11:00-16:00, 17:00-21:30(일 휴무)
- Ⓟ 대표메뉴: 덴푸라 소바 세트
- Ⓜ 3-B

天ざるそば ¥1,500

3 加辺屋川端本店
카베야 카와바타 혼텐

호빵맨 박물관 근처에 있는 소바 맛집으로, 일본 전통 느낌의 인테리어가 특징이다. 다양한 메뉴가 있지만 특히 텐자루 소바를 추천한다. 큰 새우튀김 2개와 자루소바의 세트메뉴로 꼬들거리는 소바면과 바삭한 새우 튀김의 조화가 좋아서 N차 방문을 하게 될지도 모른다. 마지막에 면수를 주는데 거기에 쯔유를 부어 먹으면 맛있게 먹을 수 있다.

INFO
- Ⓐ 1-9 Shimokawabatamachi, Hakata Ward
- Ⓗ 11:00-16:00(화 휴무)
- Ⓟ 대표메뉴: 텐자루 소바 / 결제: 현금
- Ⓜ 5-B

カレーうどん ¥1,500

4 博多あかちょこべ
하카타 아카쵸코베

낮에는 우동집으로 운영하고, 저녁에는 하카타 향토음식을 판매하는 선술집으로 운영한다. 카레우동은 카레와 우동을 슥슥 비빈 뒤에 후루룩 먹으면 된다. 카레는 카레대로 고기는 고기대로 맛있어서 단골집이 될지도. 다 먹을 때쯤 육수를 넣어 국물처럼 먹는 것도 좋다. 주전자우동도 인기 많은데, 이는 주전자에서 우동을 덜어 소스에 찍어 먹으면 된다. 면발도 직접 뽑아 맛있고 새우튀김의 바삭함도 좋다.

INFO
- Ⓐ 7-10 Reisenmachi, Hakata Ward
- Ⓗ 11:30-14:00, 18:00-23:30(일 휴무)
- Ⓟ 대표메뉴: 카레우동
- Ⓜ 3-B

ごぼう天うどん ¥730

5 大地のうどん 博多駅ちかてん
다이치노 우동 하카타역 지하점

현지인도 사랑하는 우동 맛집으로 한번 먹으면 인생 우동으로 인정하게 된다. 어떤 우동을 먹을지 고민된다면 한쪽 벽에 그림과 함께 나열된 인기 메뉴를 확인해 보자. 주문은 키오스크로 하면 된다. 쫄깃한 우동 면과 담백하고 고소한 우엉튀김! 튀김을 한입 베어 물고 국물을 마셔보자. 그럼 배부르게 힐링할지도.

INFO
- Ⓐ B2, 2 Chome-1-1 朝日ビル, Hakata Ekimae, Hakata Ward
- Ⓗ 10:00-15:30, 17:00-21:00
- Ⓟ 대표메뉴: 니쿠고보텐(고기우엉튀김) / 결제: 현금
- Ⓜ 3-G

きつねうどん ¥680

2시 이후에 방문하면 면사리는 무한리필 가능하다.

6 春月庵 承天寺前店
슌게츠안 조텐지마에점

100년 전통 우동 맛집! 소바 또는 우동을 고른 뒤 면 사이즈와 토핑을 선택하면 된다. 한국의 살얼음이 동동 올라간 소바가 아니라 아쉽지만, 쯔유 간장, 대파, 와사비 등으로 간을 맞추면 맛있게 먹을 수 있다. 진한 가츠오부시 국물에 탱글한 면발의 온우동도 인기 메뉴이다. 토핑으로 어묵튀김, 명란을 추천한다.

INFO
- Ⓐ 1 Chome-7-1 Hakata Ekimae, Hakata Ward
- Ⓗ 11:00-16:00(일 휴무)
- Ⓟ 대표 메뉴: 기쯔네 우동, 새우튀김 / 결제: 현금
- Ⓜ 3-C

EATING ALONE : 혼밥하기 좋은 식당

2인분 이상 주문해야 해서 식사가 어려웠다면 주목!
혼자 먹어도 부담 없는 가성비 좋은 맛집 리스트를 가져왔다.
에디터 검증까지 완료한 곳이며 현지인에게도 유명한 혼밥 맛집이다.

① 鉄板焼天神ホルモン 博多駅店
텐진 호르몬 하카타역점

하카타 1번가에 위치한 철판구이 전문점이다. 다찌형식으로 되어 있어서 셰프의 요리를 눈앞에서 볼 수 있다. 한국인이라면 좋아할 수밖에 없는 양념! 달걀, 믹스 호르몬(내장), 소고기 토시살, 숙주볶음의 조화가 좋다. 대창은 잡내가 나지 않으며 담백한 육즙이 터져서 맥주랑 같이 먹으면 금상첨화이다. 정식에 나오는 밥과 된장국은 리필 가능하다.

INFO
- Ⓐ 1-1 B1博多一番街 JR博多シテ, Hakataekichuogai, Hakata Ward
- Ⓗ 11:00-22:00
- Ⓟ 대표메뉴: 텐호르 정식
- Ⓜ 3-G

- 하카타역 서쪽 출구에서 지하로 내려가는 에스컬레이터를 타고 내리면 바로 보인다.
- 직원에게 받은 계산서를 들고 키오스크에서 셀프 결제하면 된다.(한국어 지원)
- 5시 방문 시 웨이팅이 없지만, 6시 이후부터 웨이팅이 있을 수 있다.

お好み焼 ふきや 博多店
후키야 하카타점

웨이팅 리스트를 작성할 때 (이름/인원/카운터자리/테이블 자리/자리상관 없음/테이크아웃) 에 따라 작성하면 된다.

하카타 버스터미널 8층 식당가에 위치한 야끼소바 현지인 맛집이다. 가성비 좋게 오코노미야끼와 야끼소바를 즐길 수 있다. 웨이팅이 많은 편이며 음식이 나오기까지 빠르면 5분, 길면 20분~30분 정도 소요된다. 모든 테이블 위에 야끼소바가 있을 만큼 인기있는 메뉴이니 주문은 필수! 야채와 면의 조합이 좋아 생맥주와 함께 곁들이면 훌륭한 안주로 제격이다. 한 번 먹으면 재방문 98%라는 이유를 알게 될지도. 곱빼기로도 주문 가능하다.

INFO
- Ⓐ 8F 2-1, Hakataekichuoga, Hakata Ward
- Ⓗ 11:00-14:30, 17:00-20:30
- Ⓟ 대표 메뉴: 야끼소바 / 결제: 현금
- Ⓜ 3-G

バークレー
바쿠레

카와바타 상점가 안쪽에서 노란색 간판을 찾으면 된다. 잡지나 여러 TV 프로그램에서도 소개된 후쿠오카 현지 맛집이며 매장 앞에 함바그 카레 사진이 크게 있어 시그니처 메뉴를 한번에 알 수 있다. 함바그에 카레가 올려진 심플한 메뉴이지만, 적당한 향신료, 적당한 맵기, 적당한 굽기의 함바그의 맛이 잘 어우러져 든든한 한 끼 식사가 가능하다. 오래 끓인 진한 갈색의 카레를 부어준다. 수제 함바그라 고기 질감이 부드럽고 맛이 좋다. 평범해 보여도 맛은 전혀 평범하지 않은 맛이다. 시금치 카레 또한 인기 있는 메뉴이다.

INFO
- Ⓐ 11-8 川端中央ビル1階, Kamikawabatamachi, Hakata Ward
- Ⓗ 11:00-20:30
- Ⓟ 대표메뉴: 함바그 카레 / 결제: 현금
- Ⓜ 3-B

やよい軒 天神2丁目店
야요이켄 텐진 2쵸메

¥540부터 ¥1,110까지 다양한 가격대의 메뉴가 있어 취향 따라 주문하면 된다. 구매 티켓은 직원에게 주고, 남은 종이는 테이블 위 티켓함에 넣어두면 된다. 고등어구이 정식을 추천한다. 비린내가 나지 않으며 생선 자체가 부드러워 맛이 좋다. 구글 평점에서도 높은 점수를 차지하고 있는 메뉴이기도 하다. 밥, 두부, 낫또, 고등어, 나물무침, 김, 국으로 구성되어 있다. 2인석, 4인석, 바 등 테이블 타입도 다양하며 테이블 회전율도 빠른 편이다. 테이블에 소스, 접시, 젓가락, 냅킨 등이 있고 셀프바엔 물, 오차즈케용 찻물, 밥 자판기 등이 있다.

INFO
- Ⓐ 2 Chome-13-16 Tenjin, Chuo Ward
- Ⓗ 09:00-23:00
- Ⓟ 대표메뉴: 고등어 구이 정식
- Ⓜ 5-C

RICE BOWL : 푸짐한 덮밥

하카타는 명란의 본고장으로 신선한 명란을 밥 위에 올려 먹는 덮밥이 후쿠오카의 별미이다. 두툼한 장어를 달콤 짭짤한 간장 소스에 구워낸 장어덮밥도 꼭 먹어야 하는 음식 중 하나이다. 짭짤하고 고소한 맛이 입맛을 끌어올릴지도.

> 나고야 지역을 대표하는 히츠마부시는 잘게 썬 장어를 밥 위에 올려서 제공된다. 처음엔 장어와 밥을 먹고 두 번째는 취향 따라 와사비, 파, 차조기를 넣어 먹고 세번째는 오차즈케처럼 육수를 부어 담백하게 먹으면 된다. 또한, 전통적인 장어덮밥인 우나쥬는 장어구이를 밥 위에 쌓아 정사각형 도시락 상자에 담아서 제공된다. 한 번 구운 다음 찌고 다시 양념을 발라 2차로 굽는 방식으로 고급스럽고 클래식하게 장어를 즐길 수 있다.

INFO
- Ⓐ 1F, 4 Chome-1-10 第2 第1きよたけビル, Nakasu, Hakata Ward
- Ⓗ 17:00-22:30(일 휴무)
- Ⓟ 대표메뉴: 장어덮밥(11:00-15:00)
- Ⓜ 3-F

1. 割烹 味美
갓포 아지미

미슐랭 1스타를 받은 식당으로 저녁에는 갓포가 메인이며 점심에는 장어덮밥과 장어 불고기 돌솥밥이 메인이다. 장어덮밥의 밥은 간이 다 되어 있고 장어 가시도 거슬리지 않을 정도로 얇아서 불편하지 않다. 덮밥에는 계란말이와 장어가 들어있다. 빈그릇에 밥과 장어를 넣고 다시마 육수를 부어 오차즈케로도 먹을 수 있다. 후식으로 나오는 푸딩도 직접 만들어서 부드럽고 맛있다.

2. 元祖博多めんたい重
간소 하카타 멘타이쥬

명란젓(멘타이코)으로 만든 명란덮밥으로 유명하다. 흰쌀밥에 김가루가 가득 뿌려져 있으며 그 위에 짭짤하고 통통한 명란이 올라가 있다. 다시마를 돌돌 말아 오랜 시간 숙성시킨 멘타이코로 맛을 냈다. 그대로도 짜기 때문에 따로 간장을 넣어 간을 하지 않아도 된다. 세트 주문 시 10가지 이상의 채소를 끓인 국물에 면을 찍어먹는 츠케멘도 따로 나온다. 기본부터 매운맛까지 취향껏 선택할 수 있으며 짠맛이 싫다면 멘타이쥬 소스는 조금 넣는 걸 추천한다. 오픈런해도 10분 정도 웨이팅이 있는 편이다.

INFO
- Ⓐ 1-1 Hakataekichuogai, Hakata Ward
- Ⓗ 09:00-21:00
- Ⓟ 대표메뉴: 한멘세트
- Ⓜ 3-E

 博多 天ぷら たかお キャナルシティ店
3 타카오 텐푸라 캐널시티점

매장 앞에 있는 자판기로 메뉴를 주문한 뒤 티켓을 들고 매장으로 들어가면 된다. 전부 다찌석으로 되어 있고 튀김을 하나씩 튀겨서 바로 주기 때문에 갓 튀긴 튀김을 먹을 수 있다. 튀김옷이 얇아서 새우, 오징어, 야채, 닭 등의 식감을 그대로 느낄 수 있으며 특유 기름의 느끼한 맛이 없고 기름지지 않아 바삭하고 깔끔하다. 튀김 속에 들어있는 유자가 느끼함을 잡아준다.

> **INFO**
> Ⓐ シネマストリート, 4F, 福岡市博多区住吉1丁目2-1 キャナルシティ博多
> Ⓗ 11:00-22:00
> Ⓟ 대표메뉴: 타카오 텐동, 타카오테이쇼쿠 / 결제: 자판기는 현금, 내부에선 카드 가능
> Ⓜ 3-F

 とりまぶし
4 토리마부시

숯불 닭고기의 고유의 맛을 즐긴 뒤 여러 조미료를 더해 먹고, 수란을 넣어 먹고, 육수를 넣어 오차즈케까지 맛볼 수 있다. 닭 자체가 맛이 좋기 때문에 조미료를 많이 섞지 않고 본연의 담백한 맛을 즐기는 걸 추천한다. 수란 역시 느끼함 없이 노른자의 구수한 맛이 더해지고 와사비를 살짝 곁들이면 느끼한 맛도 싹 사라진다. 코스요리도 많이 먹지만 덮밥이 가성비 좋고 인기가 더 많다.

> **INFO**
> Ⓐ ベルコルティーレ, 1階2号室, 2 Chome-16-42 Sumiyoshi, Hakata Ward
> Ⓗ 10:00-22:00
> Ⓟ 대표 메뉴: 토리마부시 정식
> Ⓜ 3-F

JAPANESE SET MEAL : 일본식 한상차림

깔끔하고 고요한 가정집에 초대받은 듯한 분위기. 전통 기모노를 입은 직원 또는 깔끔한 요리복을 입은 직원이 정성껏 차려낸 한창차림이 테이블 위에 전달된다. 재료 본연의 맛을 살린 요리들이 일본 특유의 작고 귀여운 그릇에 정갈하게 준비되어 있다. 신선한 해산물, 바삭한 튀김 등 제철 식재료로 만들어 한식에 익숙한 사람도 부담 없이 즐길 수 있는 메뉴들이다. 왠지 정갈한 음식을 먹으면 마음까지 든든해지는 기분이다.

치카에

1. 串匠 쿠시쇼

제철 식재료를 사용하며 소스, 반찬 모두 가공품을 사용하지 않고 직접 만든다. 염분을 사용하지 않은 빵가루를 갈아서 튀기기 때문에 고급스러운 튀김 요리를 맛볼 수 있다. 튀김옷이 얇아서 더 바삭하다. 다양한 튀김 요리가 있지만 쿠시아게 정식이 인기가 많다. 후쿠오카산 돼지, 새우, 야채 등 꼬치튀김 7종과 반찬 2종, 샐러드, 밥, 된장국, 피클, 후리카케 3종이 기본 구성이다.

INFO
- Ⓐ 1F 5-15 ホテルセンチュリーアート, Hakataekichuogai, Hakata Ward
- Ⓗ 11:00-14:00, 17:00-21:30
- Ⓟ 대표메뉴: 꼬치튀김 정식
- Ⓜ 3-H

2. 石蔵 天神店 이시쿠라

정갈한 한상차림을 먹을 수 있는 하카타 지하상가 맛집이다. 도미밥과 덴푸라를 즐길 수 있는 정식으로 풍미 깊은 쌀과 부드러운 도미 생선살, 바삭한 튀김의 조합이 좋다. 밥 위에 도미회를 넣고 육수를 부은 뒤 취향에 맞게 각종 토핑을 올려 먹으면 더 맛있게 식사할 수 있다.

INFO
- Ⓐ B2F 2 Chome-11-3, Tenjin, Chuo Ward
- Ⓗ 11:30-22:00
- Ⓟ 대표메뉴: 도미 사시미 튀김 한상
- Ⓜ 5-D

3 稚加榮 福岡店
치카에

제철 식재료와 생선으로 계절밥상을 먹을 수 있는 식당이다. 가운데에 대형 수조를 두고 있는 분위기 맛집이다. 주말 500명 한정으로 판매하는 점심 특선(11:30-15:00)을 먹기 위해 웨이팅하는 사람이 많다. ¥1,980으로 가이세키를 즐길 수 있으며 참돔, 사시미, 된장국, 텐푸라 등 다양한 한상이 나온다. 추가 요금 지불 시 아이스크림, 무스, 당고도 맛 볼 수 있다.

INFO
- Ⓐ 2 Chome-2-17 Daimyo, Chuo Ward
- Ⓗ 17:00-22:00 (토 11:30 -15:00, 17:00-22:00 / 일 11:30 -15:00, 17:00-21:00)
- Ⓟ 대표메뉴: 가이세키
- Ⓜ 5-C

- 가이세키란?
정해진 순서에 따라 요리를 하나씩 먹는 일본 코스요리이다.
- 11시 전에 도착해야 11시 30분에 차례대로 들어갈 수 있다.

4 めんたい料理 博多 椒房庵
멘타이 요리 하카타 쇼보안

가마솥으로 갓 지은 밥과 북해도산 타라코(명란젓)를 먹을 수 있는 일본 가정식 식당이다. 시그니처 메뉴는 하카타 멘타이마부시! 밥 위에 명란, 달걀지단, 닭고기 소보로, 타카나가 올라가 있다. 레몬즙을 짜서 먹거나 참마를 부어서 먹거나 오차즈케를 부어서 먹으면 더 맛있게 먹을 수 있다.

INFO
- Ⓐ 9F, 1-1 Hakataekichuogai, Hakata Ward
- Ⓗ 11:00-15:30, 17:00-21:00
- Ⓟ 대표메뉴: 하카타 멘타이마부시
- Ⓜ 3-G

5 うおちゅう
우오츄

텐진에 위치한 일본 가정식 전문점이다. 현지에서 카이센동으로 유명하지만, 가정식 메뉴도 인기 많다. 밥, 국, 사시미, 장아찌, 계란말이는 기본 반찬이며 도미, 가자미, 고등어 등 메인 생선을 선택하면 된다. 포슬포슬한 밥 위에 계란과 사시미를 올려놓고 한입에 먹으면 일품이다. 계산은 셀프이기 때문에 계산서에 있는 QR코드를 찍고 결제하면 된다.

INFO
- Ⓐ 1 Chome-18-26 Imaizumi, Chuo Ward
- Ⓗ 11:30-21:30 (수 휴무)
- Ⓟ 대표메뉴: 우오츄덮밥(카이센동), 우오츄 밥상(도미조림)
- Ⓜ 5-E

GYOZA : 맥주 안주로 좋은 교자

작지만 풍미가 가득한 한 입에 쏙! 히토쿠치 교자.
조리 방식이 다양한데, 밑면은 바삭하고 윗면은 촉촉한 스타일과 뜨거운 철판에 노릇하게 구워진 스타일이 특히 인기가 많다. 한입 베어 물면 육즙이 터져 나와 뜨겁지만, 입천장이 데이면서도 멈출 수 없는 맛이다. 돼지고기와 신선한 야채가 어우러져 맥주와 함께 즐기기에도 제격이다.

焼き餃子 ¥570

INFO ① — 博多 祇園 鉄なべ
- Ⓐ 2-20 Gionmachi, Hakata Ward
- Ⓗ 17:00-22:30(일 휴무)
- Ⓟ 대표메뉴: 교자만두 / 결제: 현금
- Ⓜ 3-G

INFO ② — テムジン 大名店
- Ⓐ 1 Chome-11-2 Daimyo, Chuo Ward
- Ⓗ 12:00-24:00
- Ⓟ 대표메뉴: 구운만두
- Ⓜ 5-C

餃子 8個 ¥550

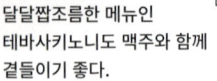

달달짭조름한 메뉴인 테바사키노니도 맥주와 함께 곁들이기 좋다.

 1 博多 祇園 鉄なべ
하카타 기온 테츠나베

빨간색 간판이 눈길을 끄는 철판구이 교자 맛집이다. 뜨거운 철판에 구워 나오기 때문에 한 점 남은 순간까지도 따뜻하게 먹을 수 있다. 오픈과 동시에 웨이팅이 있는 곳이며 교자 추가가 어려우니 처음 주문할 때 한 번에 주문해야 한다. 기름이 없어 느끼하지 않고 부추, 고기, 야채 등 잘게 다져 있어 담백하고 바삭한 맛이 특징이다. 교자엔 맥주가 빠질 수 없다. 회사원들이 퇴근 후 가볍게 술을 즐기는 곳이다.

 2 テムジン 大名店
테무진 다이묘점

빨간색 로렌이 눈에 띄는 현지인 교자 맛집이다. 총 10피스가 나오기 때문에 가벼운 맥주 안주로 좋다. 바삭하게 튀겨졌지만, 위에는 물만두처럼 촉촉한 게 특징이다. 간이 되어 있기 때문에 간장에 찍어먹지 않아도 된다. 양파, 부추, 양배추 등을 잘게썬 뒤에 소고기로 만두소를 만들었다. 물만두와 튀김만두도 인기있는 메뉴 중 하나이다.

緑のひとくち餃子 ¥550

INFO ④
Ⓐ 2 Chome-4-20 第21ポールスタービル, Nakasu, Hakata Ward
Ⓗ 17:30-23:00(월 휴무)
Ⓟ 대표메뉴: 하카타 한입교자, 한입 흑돼지 교자
Ⓜ 3-F

博多一口餃子 ¥600

INFO ③
Ⓐ 2 Chome-5-9 三田ビル, Nakasu, Hakata Ward
Ⓗ 17:30-01:00(일 휴무)
Ⓟ 대표메뉴: 교자 / 결제: 현금
Ⓜ 3-F

ひとくち餃子 ¥680

INFO ⑤
Ⓐ 1F, 3 Chome-1-11 福海ビル, Yakuin, Chuo Ward
Ⓗ 11:30-14:30, 17:00-21:50(화 휴무)
Ⓟ 대표메뉴: 히토쿠치 교자 / 결제: 현금
Ⓜ 5-F

王餃子
③ 왕교자

노포 감성 물씬 풍기는 바테이블형 매장이다. 노릇노릇 바삭하게 구운 교자를 한입 베어 먹으면 육즙과 파, 부추의 맛이 확 느껴진다. 기름에 튀겨냈지만, 느끼하지 않고 담백한 편이라 맥주 안주로도 최고이다. 왕교자 시그니처인 파라파라 야키메시(볶음밥)도 빠지면 섭섭하다. 불향이 느껴지는 볶음밥은 감칠맛 나는 묘한 중독성에 숟가락을 내려놓지 않게 된다.

宝雲亭 中洲本店
④ 호운테이

1949년에 창업하여 3대째 이어오고 있는 교자 맛집이다. 나카스 강변 인근에 있으며 현지인과 여행객 모두 많이 찾는다. 주로 흑돼지 교자(8피스)와 한입교자(10피스)를 많이 주문한다. 특히 한입 교자는 팬에 기름을 두르고 교자를 넣고 튀긴 다음, 물을 붓기 때문에 한쪽은 촉촉하고 다른 한쪽은 바삭한 식감이 특징이다. 육즙 터지는 풍미 깊은 교자로 맥주를 부르게 될지도 모른다.

餃子 李
⑤ 교자리

1988년에 개업하고 지금까지도 현지인에게 인기 있는 교자 맛집이다. 물만두, 군만두로 유명하지만, 우리나라 탕수육과 비슷한 스부타와 딤섬도 인기 있는 메뉴이다. 겉바속촉의 정석 군만두는 쫀득한 만두피의 식감을 그대로 즐길 수 있으며, 육즙이 입안에 가득 차 깊은 풍미를 전한다. 물만두는 꽉 찬 만두소 덕분에 은은한 감칠맛이 입안에 오래 남아 맛이 좋다.

YAKINIKU: 입에서 살살 녹는 야키니쿠

혼밥 가능한 맛집부터 무한리필 고깃집까지!
후쿠오카에 왔다면 퀄리티 높은 규슈산 고기는 놓칠 수 없다.
아름다운 마블링과 부드러운 육질은 물론,
신선한 고기를 다양한 부위로 맛볼 수 있어
진정한 미식의 즐거움을 느낄 수 있다.

焼肉·冷麺 大東園本店
다이토엔 본점

질 좋은 와규 A4이상의 등급을 받은 소고기만 사용하는 야키니쿠 맛집으로 고급스러운 분위기이다. 1969년 개업하여 2대째 운영 중이며 붉은빛 색상과 마블링을 보자마자 특수부위임을 알 수 있다. 쫄깃한 우설(규탄)과 입에서 살살 녹는 다양한 부위를 맛보기 위해 주방장 추천 코스를 주문하는 걸 추천한다. 실패 없는 야키니쿠 맛집을 찾는다면 바로 여기!

INFO
- Ⓐ 1-1-1 Kamikawabatamachi, Hakata Ward
- Ⓗ 평일: 11:30-14:00, 16:00-22:30 / 주말: 11:30-22:30
- Ⓟ 대표메뉴: 주방장 추천 코스
- Ⓜ 3-F

다이토엔 본점

 ニクゼン
니쿠젠

우설 종류에 따라 스탠다드와 프리미엄 코스로 나누어진다. 로스, 곱창, 돼지고기, 닭고기 등 다양하니 취향에 따라 선택해서 고기를 먹을 수 있다. 120분 무한 리필 코스이며 마지막 주문은 80분 전까지 가능하다. 사가현 흑우로 큐슈 지역 소 품질 대회에서 수상한 품질 좋은 고기이다. 사장님께서 직접 화로 위에 마블링 좋은 고기를 구워준다. 특히 우설을 불판 위에 펼쳐서 구운 뒤 파와 함께 먹으면 느끼함 없이 맛있게 먹을 수 있다. 또한, 한 입 크기로 자른 1kg 스테이크, 밥, 양배추, 소스를 얹은 점심 한정 메뉴 스테이크 덮밥으로도 유명하다.

INFO
- Ⓐ 2 Chome-12-17 Daimyo, Chuo Ward
- Ⓗ 17:00-21:30 (화 휴무)
- Ⓟ 대표메뉴: 스탠다드 코스
- Ⓜ 5-C

やきにくのバクロ 博多店
야키니쿠 바쿠로 하카타점

윤기가 좌르르 흐르는 와규는 여러 종류가 있어 부드러운 식감, 쫄깃한 식감, 입에서 살살 녹는 식감 등 다양한 맛을 볼 수 있는 세트 메뉴를 주문하는 사람이 많다. 설로인(채끝) 스키야키는 추가 주문으로 먹을 수 있다. 얇고 넓은 한장의 고기이지만 맛이 좋다. 노른자를 저어서 같이 먹으면 노른자의 고소함과 부드러운 소고기의 식감을 동시에 맛볼 수 있다.

INFO
- Ⓐ 1 Chome-1-9-202 Sumiyoshi, Hakata Ward
- Ⓗ 11:30-14:30, 17:00-22:00
- Ⓟ 대표메뉴: 바쿠로 와규세트
- Ⓜ 3-F

焼肉酒場 にくまる 春吉店
야키니쿠사카바 니쿠마루 하루요시점

16시부터 18시까지 한정메뉴인 니쿠마루 만족세트를 가성비 있게 즐길 수 있다. 초칭 스키야키 구이뿐만 아니라 좋은 부위를 비교하면서 먹을 수 있는 흑모 와규불고기, 호르몬구이 등 다양한 메뉴가 코스처럼 나온다. 쫄깃하며 부드러운 식감도 좋고 원하는 굽기를 요청할 수 있어서 만족스러운 식사가 가능하다. 고기 본연의 맛을 느끼다가 트러플 소금, 부추간장 등 각종 소스에 찍어먹는 걸 추천한다.

INFO
- Ⓐ 5 Chome-1-26 Watanabedori, Chuo Ward
- Ⓗ 16:00-23:00
- Ⓟ 대표메뉴: 니쿠마루 만족세트   Ⓜ 5-D

SUSHI : 현지인이 추천하는 스시 맛집

SPECIAL
SUSHI
스시

한 입 크기에 담긴 정성과 맛의 예술! 스시는 그 자체로 특별한 요리다. 눈으로 봤을 땐 밥 위에 생선과 와사비를 올린 단순한 구성처럼 보이지만, 재료의 신선도와 주방장의 섬세한 손길에 따라 맛이 완전히 달라진다. 입안에서 사르르 녹는 스시의 감동, 스시 맛집 리스트를 여기에 모았다.

- 물수건으로 손을 닦은 뒤 손으로 초밥을 먹으면 맛이 다르다.
- 초밥 먹을 때 회만 먹고 밥을 버리는 건 셰프에 대한 예의가 아니니 밥을 적게 먹고 싶다면 주문할 때 요청하는 게 좋다.

나가하마 선어시장　長浜鮮魚市場

300여 종의 다양한 어종을 취급하는 규슈 최대 규모의 수산시장이다. 후쿠오카가 생선, 스시가 맛있는 건 바로 수산시장이 가깝기 때문이 아닐까. 후쿠오카의 부엌이라고 할 만큼 이자카야와 스시 가게에 쓰인 재료의 대부분은 선어시장에서 구매한다고 한다. 도매시장이기 때문에 일반인은 들어갈 수 없지만, 매월 둘째주 토요일엔 시장이 일부 개방된다. 참치 해체쇼, 바로잡은 생선으로 만든 식사부터 요리 체험 등 다양한 프로그램도 준비되어 있다. 1층엔 음식점과 선어 가공품을 구매할 수 있는 가게가 있으며 2층엔 경매방법, 생선 특징을 적어 놓은 전시장이 있고 13층엔 전망대가 있다.

Ⓐ 鮮魚市場市場会館 3 Chome-11-3, Nagahama, Chuo Ward
Ⓗ 08:00-16:30(일 휴무)　Ⓜ 4-D

만약, 직원이 이렇게 묻는다면?

Q: 몇 명이세요?(난메사마데스까?)
A: 혼자입니다(히토리데스), 두명입니다(후타리데스),
이렇게 말해도 되지만 손으로 인원을 말해줘도 충분히 소통이 가능하다.

일본어 기본 회화

シャリを少なめにしてください
샤리오 스쿠나메니 시테쿠다사이 | 스시의 밥 양을 적게 넣어주세요.

ワサビ抜きでお願いします
와사비 누키데 오네가이시마스 | 와사비를 빼주세요.

おすすめの寿司を教えてください
오스스메노 스시 오 오시에테 쿠다사이 | 초밥을 추천해 주세요.

INFO
Ⓐ 5 Chome-25-15 Watanabedori, Chuo Ward
Ⓗ 17:00-23:00 (화 휴무)
Ⓟ 대표메뉴: 오마카세(특상)
Ⓜ 5-D

1 すし 嘉美
스시요시미

동네 작은 스시집으로 단골이 많이 찾는 스시맛집이다. 새우, 고등어, 장어, 우니 등 다양한 종류의 퀄리티 좋은 초밥을 먹을 수 있다. 단품으로 주문하기도 하지만 오마카세로 주문하는 사람도 많다. 셰프 한 분이 운영하셔서 스시 나오는 속도가 느릴 수 있으나 먹는 순간, 기다린 시간이 아깝지 않다. 개인적으로 유자 향이 깃든 한치와 감칠맛을 지닌 참치와 도미를 추천한다.

2 博多豊一 ベイサイドプレイス博多
하카타 토요이치

웨이팅이 있지만 회전율이 좋은 편이라 비교적 빠른 식사가 가능하다. 아쉬운 점은 현장에 웨이팅 이름을 적어놓고 기다려야 한다는 점. 셀프 코너에서 원하는 스시를 고르면 주문 완료. 스시 종류와 상관없이 1개당 ¥110(+소비세)라 가성비도 좋다. 직원에게 초밥을 보여주면 되니 허리띠 풀 준비 하자! 텐푸라는 태블릿으로 주문 가능하다. 간장, 와사비 등은 셀프바에 있으니 원하는 만큼 덜어서 먹으면 된다. 신선한 회로 배부를 준비가 됐다면 이제 젓가락을 들자.

INFO
Ⓐ 13-6 Chikkohonmachi, Hakata Ward
Ⓗ 월, 화, 목 11:00-20:00, 금 11:00-21:00, 토 10:30-21:00, 일 10:30-17:00 (수 휴무)
Ⓟ 대표메뉴: 장어, 참치, 연어 등 / 결제: 현금
Ⓜ 2

SUSHI : 현지인이 추천하는 스시 맛집

INFO ③
- ⓐ 1F 天神パインクレスト 2 Chome-3-10, Tenjin, Chuo Ward
- ⓗ 11:00-17:00 ⓟ 대표메뉴: 알찬 스시잔마이
- ⓜ 5-C

すしざんまい 天神店
스시잔마이 텐진점

INFO ④
- ⓐ B1 1-1, Hakataekichuogai, Hakata Ward
- ⓗ 11:00-21:30
- ⓟ 대표메뉴: 참치 대뱃살, 장어초밥, 연어뱃살
- ⓜ 3-G

まわる寿司 博多一番街店 博多魚がし
하카타 우오가시

Sushi Kaede
스시 카에데

すし酒場さしす 天神店
스시사카바 사시스 텐진점

INFO ⑤
- ⓐ 5 Chome-21-72階, Sumiyoshi, Hakata Ward
- ⓗ 금-수 17:00-23:00 (목 휴무)
- ⓟ 대표메뉴: 큐브초밥

INFO ⑥
- ⓐ Chome-13-21 フィル・パーク福岡今泉, Imaizumi, Chuo Ward
- ⓗ 17:00-22:15 (수 휴무)
- ⓟ 대표메뉴: 참다랑어 뱃살 김말이, 새우육회
- ⓜ 5-D

❸ 일본 국민 스시맛집이라고 불리는 곳이다. 가성비도 좋은데 맛까지 좋아서 웨이팅은 기본! 수기로 웨이팅 리스트에 이름을 적은 뒤 대기 시간동안 QR코드로 주문하면 된다. 기본 반찬으로 녹차와 생선조림이 나온다. 주로 알찬 스시잔마이를 주문하는 편이며 여기엔 참치 초밥이 5개가 들어있어 인기가 많다. 회는 전체적으로 두툼하고 제철 생선을 사용하여 초밥을 만들기 때문에 신선하다.

❹ 티백이 담긴 잔에 자리에 있는 뜨거운 물을 담아 차로 마시면 된다. 회전초밥이지만 신선도를 위해 즉석에서 만들어 준다. 또한 어시장에서 그날그날 좋은 생선을 골라서 만들기 때문에 신선도는 최고다. 모둠초밥 주문 시 우니 성게알, 관자, 참치, 도미 등 다양한 초밥을 먹을 수 있으며 전체적으로 두툼하고 신선해서 입안에서 바다의 맛이 느껴진다. 도시락으로 포장 가능하여 기차에서 가볍게 먹기 좋다.

❺ 깔끔하면서도 고급스러운 분위기로 맛, 친절, 서비스까지 모두 갖춘 현지인 추천 스시 맛집이다. 입맛을 돋우는 기본 반찬과 육즙 풍부한 소고기, 불에 살짝 그을린 연어, 짭조름한 고등어, 새우, 도미 등 다양한 스시가 한 입 크기의 큐브 형태로 제공된다. 비린 맛 없이 고소하고 부드럽게 녹아내리는 식감이 일품이라, 카에데 스시에 홀딱 반해버릴지도 모른다.

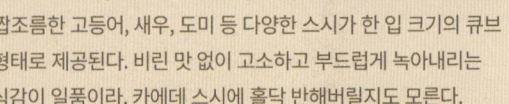

❻ 현지인뿐만 아니라 여행객에게도 유명한 스시 맛집이다. 술과 함께 곁들이기 때문에 회전율이 생각보다 좋진 않다. 입에서 살살 녹는 두툼한 참다랑어 뱃살이 들어간 참다랑어 뱃살 김말이가 시그니처이다. 고소한 노른자와 특제소스가 어우러진 새우 육회도 빠질 수 없다. 먹는 순간 입에서 녹을지도.

IZAKAYA : 술이 술술 들어가는 이자카야

SPECIAL
IZAKAYA
이자카야

일본 선술집보다 익숙한 이자카야.
따뜻한 어묵과 신선한 사시미와 맥주의 조합으로 여행의 피로를 풀고 싶다면?

❶ 가운데가 뚫린 오픈 주방이다. 요리 중간마다 퍼포먼스 하면서 요리하기 때문에 웃음이 끊이지 않는다. 셰프가 불쇼를 선보일 때 모두가 감탄사를 내뱉는다. 오마카세를 주문하면, 계절 오토시, 모찌리도후, 제철회 모둠, 참치타다키, 멧돼지춘권, 생강모츠쿠 등이 코스로 나온다. 예약하지 않으면 못 먹을 수도 있다. 와라야끼는 짚불구이, 미깡은 귤을 뜻한다. 뜨거운 돌판 위에 두부를 익힌 뒤 귤 소스를 올린 모찌리도후가 쫀득하고 달달한 맛으로 시그니처이다. 메뉴가 하나같이 다 맛있어서 호불호 없이 즐기기 좋다.

INFO ❶
Ⓐ 2 Chome-12-20 Haruyoshi, Chuo Ward
Ⓗ 17:00-01:00
Ⓟ 대표메뉴: 오마카세
Ⓜ 3-J

INFO ❷
Ⓐ 3 Chome-22-25 Haruyoshi, Chuo Ward
Ⓗ 17:00-01:00
Ⓟ 대표메뉴: 셰프추천 오뎅 5종, 사과식초아이스 사와 소주
Ⓜ 5-D

藁焼 みかん
와라야키 미깡

酉どうあん 春吉店
토리돈 하루요시점

❷ 토리돈에 왔다면 셰프추천 오뎅 5종은 필수! 오랜 시간 우려낸 진한 국물과 무조림(다이콘), 폭신폭신한 식감의 두부, 곤약, 탱글한 당면, 고기가 들어간 오뎅꼬치 등의 조합이 좋다. 특히 무는 입안에 넣자마자 녹아버릴 정도로 부드럽다. 또 치즈를 채운 통토마토를 삼겹살에 감싼 꼬치도 맛있으니 추가로 주문하자. 눈이 커지는 맛! 기본 상차림으로 나오는 모찌리도후와 닭가슴살은 호불호가 있다.

시간이 있다면 여기도!

夢市門 博多店
무이치몬 하카타점

가성비 좋은 꼬치 맛집! 10개 모둠꼬치는 호불호 없는 메뉴로 닭껍질, 삼겹살, 소시지 등이 나온다. 바 자리에 앉으면 꼬치 굽는 모습을 볼 순 있지만 연기가 심해서 눈이 매울 수 있다.

Ⓐ 3 Chome-10-34 Hakata Ekimae, Hakata Ward
Ⓗ 월-토 17:00-24:00, 일 17:00-23:00   Ⓜ 3-G

博多野菜巻串屋 鳴門
이자카야 나루토

고기에서 잡내가 나지 않고 많이 짜지도 않아서 맥주랑 먹기 좋다. 고기뿐만 아니라 야채 꼬치도 맛이 좋아 실패가 없다. 특히 토마토말이 꼬치, 참마말이 꼬치, 상추꼬치가 인기가 많다.

Ⓐ 1階 1-3 フタガミ本店川端ビル, Kamikawabatamachi, Hakata Ward   Ⓗ 17:00-24:00   Ⓜ 3-F

MOTSUNABE : 탱글한 대창, 모츠나베 맛집

일본식 대창전골. 주로 된장이나 간장 베이스에 대창과 각종 채소를 넣고 끓여 먹는 게 특징이다.
탱글 쫄깃한 식감의 대창, 각종 신선한 야채, 일본 특유 된장의 구수한 국물까지 진국인 모츠나베 맛집만 모았다.

1. 博多もつ鍋おおやま 福岡パルコ店
하카타 모츠나베 오오야마 텐진점

일본 규슈산 최상급 육질의 소의 소창을 사용한 만큼 맛이 좋다. 된장, 간장, 매콤한 참깨 등 모츠나베 맛을 선택할 수 있으며 된장 맛이 인기가 많다. 모츠나베를 다 먹은 뒤 면을 넣어 칼국수처럼 먹으면 된다. 부드러운 두부 위에 짭조름한 명란을 함께 먹어도 맛있다. 런치 메뉴로 좀 더 가성비 있게 모츠나베를 즐길 수 있다.

INFO
- Ⓐ B1F 2Chome-11-2福岡パルコ本館, Tenjin, ChuoWard
- Ⓗ 11:00-23:00(런치 11:00-16:00)
- Ⓟ 대표메뉴: 곱창전골 정식
- Ⓜ 5-C

2. 博多もつ鍋前田屋 博多店
마에다야 하카타점

로컬 현지인과 한국인 여행객 모두에게 인기 많은 맛집이다. 1인분 주문도 가능하며 항상 웨이팅이 많기 때문에 사전 예약을 추천한다. 고소하고 부드러운 대창 식감에 두부, 양배추, 부추, 팽이버섯 등 각종 신선한 야채가 들어가 조합이 좋다. 특히 순두부같이 부드러운 두부가 일품! 대창과 야채를 다 먹은 뒤 짬뽕사리를 추가해서 먹으면 배부르고도 맛있게 식사를 할 수 있다.

INFO
- Ⓐ 3 Chome-26-5 Hakata Ekimae, Hakata Ward
- Ⓗ 11:00-14:30, 17:00-24:00
- Ⓟ 대표메뉴: 모츠나베(된장)
- Ⓜ 3-G

3. 元祖 もつ鍋 もつ焼き 楽天地 ヨドバシ 博多駅 店
원조 모츠나베 라쿠텐치 요도바시 하카타역점

이름과 달리 곱창과 대창이 들어가 있으며 냄비 위로 높게 쌓은 부추, 양배추가 듬뿍 들어있다. 덕분에 시원하고 깔끔한 진한 육수 완성! 내장은 잡내가 나지 않으며 쫄깃하여 입호강하기 좋다. 마지막에 면을 넣어 칼국수처럼 먹는 것도 잊지 말자! 좌식 테이블, 룸 테이블, 다찌석 등 다양한 테이블 타입이 있어 가족 단위로 많이 찾는 맛집이다. 모츠나베 만족코스는 모츠나베 1.5인분, 전체요리 중 1개 선택, 두부와 면이 포함되어 있는 메뉴이다.

INFO
- Ⓐ 1階 6-12 ヨドバシカメラマルチ メディア博多, Hakataekichuogai, Hakata Ward
- Ⓗ 17:00-01:00
- Ⓟ 대표 메뉴: 모츠나베 만족코스(2인 추천), 모츠나베 단품
- Ⓜ 3-H

MIZUTAKI : 국물이 일품인 미즈타키

100년의 역사를 가진 후쿠오카 소울푸드,
닭백숙과 유사한 음식으로 몸에 좋은 각종 재료를 넣어 시원하고 깔끔한 육수가 감칠맛을 더한다.
닭고기와 야채를 넣어서 끓이는 후쿠오카 명물이다. 여행하면서 보양도 챙기고 싶다면?

미즈타키 즐기기

맑은 국물에 손질된 닭을 넣고 끓이면 거품이 조금씩 올라온다. 거품을 덜어낸 뒤 접시에 국물을 넣고 파와 소금을 넣어 간을 하면 된다. 보글보글 끓을 때 직원이 닭 완자를 넣어주니, 그때 한 번 더 팔팔 끓이자. 재료가 추가될 때마다 국물의 맛이 달라지기 때문에 국물을 맛보면서 먹는 걸 추천한다. 또한, 오래 끓인 덕분에 닭이 보들보들하다. 식사를 마친 뒤 샤브샤브처럼 죽과 칼국수를 선택하여 먹을 수도 있다.

 1 水たき料亭 博多華味鳥 博多駅前店
하카타 하나미도리 하카타에키마에점

혼밥하기 좋아 점심 때 사람들이 많이 찾는다.
후식으로 나오는 푸딩까지 완벽한 한끼 식사이다.

INFO
Ⓐ 1F 3 Chome-23-17 第二福岡ONビル, Hakata Ekimae, Hakata Ward
Ⓗ 11:30-15:00, 17:00-23:00
Ⓟ 대표메뉴: 하카타 미즈타키 고젠
Ⓜ 3-G

 2 博多水たき濱田屋店屋町店
하카타미즈타키 하마다야

깔끔하고 담백한 맛이 진리인 미즈타키답게 담백한 국물이 특징이다. 후쿠오카 명물 닭을 사용하였으며 육수에 야채와 완자 등이 추가될 때마다 맛이 달라지며 재료 본연의 맛을 즐기기 좋다.

INFO
Ⓐ 3-33 Tenyamachi, Hakata Ward
Ⓗ 17:00-22:00
Ⓟ 대표메뉴: 미즈타키 코스
Ⓜ 3-B

 3 とり田 博多本店
하카타 미즈타키 토리덴

호빵맨 어린이 박물관 인근에 있는 미즈타키 맛집으로 가족끼리 방문하기 좋은 식당이다.

INFO
Ⓐ 1F 10-5 博多麹屋番ビル 1F, Shimokawabatamachi, Hakata Ward
Ⓗ 11:30-23:00
Ⓟ 대표메뉴: 베이직 코스
Ⓜ 3-A

DESSERT : 달콤한 디저트 맛집

꽉 찬 여행 일정을 소화하다 보면 당이 떨어질 수 있다.
갑자기 떨어진 당을 쫘아아악 끌어올리고 싶다면?

1. Fuk Coffee
후쿠커피

말랑말랑 푸딩은 계란 노른자 맛이 느껴지는 담백하고 달달한 맛으로 주문 필수이다.

2. ジャック
파티시에 자크

구움과자, 케이크, 갸또, 파이 등 고급스러운 디저트가 많다. 모양 자체가 예뻐서 먹기 아깝지만, 먹고 나면 계속 생각 날 정도. 트랜시 자크는 나오자마자 품절될 확률이 높다.

3. パン屋 むつか堂 薬院本店
무츠카도 본점

산도에 크림과 과일이 많이 들어있어 먹는 순간, 눈을 저절로 감게 된다. 쫄깃한 식빵으로도 유명하다. 식빵의 식감이 좋고 촉촉해서 잼에 발라 먹지 않고 그냥 먹어도 맛있다. 생식빵과 무츠카도는 꼭 먹어보자.

4. Fruits Garden 新Sun
후르츠 가든 신선

사가에 본점을 둔 과일 디저트 전문점으로 유명 과일 산지에서 직송한 제철 과일로 만들기 때문에 과일이 신선하다. 폭신폭신한 식감과 부드러운 생크림, 시원하고 싱싱한 과일이 환상적인 궁합을 자랑한다.

5. 如水庵 博多駅前本店
죠스이안 하카타 에키마에 본점

일본 전통 디저트 판매점으로 딸기부터 포도 등 다양한 모찌를 맛볼 수 있다. 달달한 딸기의 과즙과 찹쌀떡의 말캉거리는 궁합이 의외로 좋다.

6. おいしい氷屋 天神南店
오이시이코리야 텐진미나미점

동그란 모양을 한 포슬포슬한 우유 얼음을 보면 입을 떡 벌리게 된다. 달달하고 고소한 우유에 쌉싸름한 말차의 맛이 조화가 좋다. 당도 높은 디저트를 찾는다면 아마오우 딸기로 만든 빙수를 추천한다.

7. 星乃珈琲店
호시노커피

로스팅부터 블렌딩까지 직접 하기 때문에 커피 애호가들이 많이 찾는다. 호시노는 수플레 팬케이크가 시그니처지만, 프렌치토스트도 그에 못지 않게 인기가 많다.

8. 白金茶房
시로가네사보(백금다방)

'백금다방' 도장이 찍힌 팬케이크가 시그니처이다. 기본에 충실한 맛으로, 버터와 메이플 시럽을 곁들이면 조화롭게 먹을 수 있다.

1. 후쿠커피 Fuk Coffee

- Ⓐ 6-22 Gionmachi, Hakata Ward
- Ⓗ 08:00-20:00
- Ⓟ 대표메뉴: 요요푸딩, 커피 젤리 아포가토 / 결제: 현금 Ⓜ 3-F

2. 파티시에 자크 ジャック

- Ⓐ 3 Chome-2-1 Arato, Chuo Ward
- Ⓗ 10:00-16:00(월, 화 휴무)
- Ⓟ 대표메뉴: 피스타치오 무스(피라미드 케이크), 트랜시 자크(캬라멜무스) Ⓜ 4-D

3. 무츠카도 본점 パン屋むつか堂 薬院本店

- Ⓐ 2 Chome-15-2 Yakuin, Chuo Ward
- Ⓗ 10:00-20:00(일 휴무)
- Ⓟ 대표메뉴: 생크림 후르츠산도
- Ⓜ 5-E

4. 후르츠 가든 신선 Fruits Garden 新Sun

- Ⓐ 1-1 博多デイトス1F いっぴん通, Hakataekichuogai, Hakata Ward
- Ⓗ 08:00-21:00
- Ⓟ 대표메뉴: 머스크멜론 산도
- Ⓜ 3-G

5. 죠스이안 하카타 에키마에 본점 如水庵 博多駅前本店

- Ⓐ 2 Chome-19-29 Hakata Ekimae, Hakata Ward Ⓗ 평일 09:00-19:00, 주말 09:00-19:00 Ⓟ 대표메뉴: 딸기모찌 Ⓜ 3-G

6. 오이시이코리야 텐진미나미점 おいしい氷屋 天神南店

- Ⓐ 5 Chome-14-12 Watanabedori, Chuo Ward
- Ⓗ 13:00-18:00(화-금 휴무)
- Ⓟ 대표메뉴: 말차빙수, 딸기 빙수
- Ⓜ 5-D

7. 호시노커피 星乃珈琲店

- Ⓐ 6F 2 Chome-2-43 ソラリアプラザビル, Tenjin, Chuo Ward
- Ⓗ 11:00-22:00
- Ⓟ 대표메뉴: 수플레 팬케이크
- Ⓜ 5-D

8. 시로가네사보(백금다방) 白金茶房

- Ⓐ 1 Chome-11-7 Shirogane, Chuo Ward
- Ⓗ 평일 08:00-17:00, 주말 08:00-18:00
- Ⓟ 대표메뉴: 팬케이크 싱글
- Ⓜ 3-I

COFFEE : 현지인도 줄서서 마시는 커피 맛집

오래 자리를 지킨 카페는 확실히 다르다. 간판이 크지 않아 모르는 사람은 쉽게 지나치기 쉬운데, 문을 열면 늘 사람들로 북적인다. 사장님이 내려주는 커피에 사람들은 아침 잠을 깨거나 브런치로 든든하게 배를 채운다. **자꾸 생각나서 또 올지도 모르는 커피 맛집을 소개하겠다.**

오호리공원 - 비오탑 - 코히비미 일정 추천

INFO
- ⓐ 2 Chome-6-27 Akasaka, Chuo Ward
- ⓗ 12:00-17:00 (월, 화 휴무)
- ⓟ 대표메뉴: 드립커피, 과일 파운드 케이크 / 결제: 현금
- Ⓜ 4-D

1 珈琲美美
코히비미

1977년에 오픈한 카페로 헌책방에 들어온 것처럼 예스러운 분위기가 있다. 1층에는 로스팅 기기가 있으며 원두 구매도 가능하다. 커피를 계산하고 2층에서 커피를 마시면 된다. 자리가 협소해서 웨이팅하는 사람도 있지만, 테이크아웃해서 오호리 공원에서 마시는 사람도 많다. 2층 창문 밖으로 보이는 초록색 나무 전망과 차분한 인테리어 속에서 힐링하기 좋다. 코히비미는 따뜻한 물에 커피잔을 보관한 뒤 커피를 내리기 때문에 시간이 조금 걸리는 편이다. 하지만 커피 향을 맡고 한 모금 마시면 커피의 풍미, 산미가 느껴져 커피의 미학을 알게 될 지도 모른다. 독서를 하거나 도란도란 이야기 나누는 사람이 많은 카페로 일본의 옛 감성을 느끼기 좋다. 오호리 공원에 왔다면 잠시 들러보길 추천한다.

텐진 네네치킨 맞은편 5층에 있다. 작은 입간판을 찾아 엘리베이터를 탑승하면 된다.

コネクトコーヒー
커넥트 커피

라떼아트 챔피언이 내려주는 카페로, 커넥트에 들어가면 큰 로스팅 기기와 트로피가 눈에 띈다. 다찌석에 앉으면 라떼아트 하는 바리스타 모습도 볼 수 있다. 부드러운 크레마와 우유의 목 넘김이 좋으며 은은한 커피향까지 더해져 제대로 된 카페라떼를 마실 수 있다. 원두와 커피용품도 판매한다.

INFO
- Ⓐ 5 Chome-6-13 Tenjin, Chuo Ward
- Ⓗ 12:00-20:00, 일 11:00-18:00(화 휴무)
- Ⓟ 대표메뉴: 카페라떼 / 결제: 현금 Ⓜ 5-A

天神南店
렉커피 텐진미나미

모던하고 깔끔한 분위기의 텐진 카페로 파란색 로고가 제일 먼저 눈에 들어온다. 취향에 맞는 원두를 선택하여 커피를 마실 수 있으며 원두 구매도 가능하다. 적당한 산미에 깔끔한 맛, 가벼운 목넘김까지 커피 맛집이 확실하다. 푸딩, 파운드, 타르트 등 디저트 종류도 많으니, 당 충전하며 남은 일본 여행도 힘차게 달려보자!

INFO
- Ⓐ 1F Hotel the Park, 5 Chome-1-19, Watanabedori, Chuo Ward
- Ⓗ 금-토 11:00-24:00, 일 10:00-22:00, 월-목 11:00-22:00
- Ⓟ 대표메뉴: 드립커피 Ⓜ 5-D

珈琲 花坂
커피 하나사카

LP가 흘러나오고 곳곳의 영화 포스터가 있는 빈티지한 융드립 전문 카페이다. 취향의 원두를 선택하면 마스터의 빠른 손놀림으로 커피를 끓이지만, 드립커피이다보니 커피가 나오는데 시간이 걸리긴 한다. 한 입 머금는 순간, 고소하고 부드러운 커피 맛에 반할지도!

INFO
- Ⓐ 5F 1Chome-10-21 大名エイトビル2, Daimyo, Chuo Ward
- Ⓗ 10:00-17:30(수, 목 휴무)
- Ⓟ 대표메뉴: 융드립 커피(원두는 취향) / 결제: 현금 Ⓜ 5-C

五圓
고엔커피

1979년에 오픈한 노포 카페로 노부부와 아들이 함께 운영한다. 아침엔 카레, 브런치로는 에그토스트 세트가 인기가 많다. 전형적인 일본 킷사텐 느낌이지만 금연으로 쾌적하게 식사와 커피를 즐길 수 있다. 블렌드 커피는 산미가 많지 않아서 그냥 마셔도 맛있지만, 시럽 또는 약간의 우유를 넣어 마셔도 맛이 좋다.

INFO
- Ⓐ COFFEE HOUSE 5YEN 2 Chome-7-1, Hakata Ekimae, Hakata Ward
- Ⓗ 08:00-21:30(일 휴무)
- Ⓟ 대표메뉴: 비프카레세트, 에그토스트세트, 블렌드 커피 / 결제: 현금 Ⓜ 3-G

KISSATEN : 오랜 세월을 간직한 킷사텐

킷사텐은 일본의 오래된 다방으로 한국의 전통 다방과 비슷한 정취를 지니고 있다. 오랜 세월 한자리를 지키며 동네의 역사와 함께해온 공간으로 곳곳에 세월의 흔적이 스며 있다. 아늑하고 정겨운 분위기 속에서 즐기는 핸드드립 커피는 킷사텐의 대표적인 매력이다. 커피뿐만 아니라 간단한 식사도 가능하며 흡연이 허용되는 점도 킷사텐만의 독특한 특징이다.

 カフェ ブラジレイロ
카페 브라지레이로

1934년에 개업하여 현재까지 운영하고 있는 카페로 후쿠오카에서 가장 오래됐다. 브라질 상파울루 커피를 소개하기 위해 시작하였으며 일본의 커피문화를 정착시키는데 큰 역할을 기여하기도 했다. 직접 원두를 볶아서 핸드드립으로 내리기 때문에 브라지레이로만의 커피를 맛볼 수 있다. 카페 내부는 오랜 세월의 흔적이 느껴지지만 깔끔하게 관리되고 있으며 원두와 커피 용품을 판매하고 있다. 또한 다진고기와 양파가 들어있는 럭비공 모양의 튀김 또한 유명하다. 겉은 바삭하고 속은 부드러우며 고소하고 담백한 맛이 특징이다. 인기가 많아 점심 런치 때 재료소진으로 마감되기도 한다.

> INFO
> Ⓐ 1-20 Tenyamachi, Hakata Ward
> Ⓗ 10:00-19:00(일 휴무)
> Ⓟ 대표메뉴: 멘치카츠, 비엔나 커피 / 결제: 현금
> Ⓜ 3-B

 屋根裏獏
야네우라 바쿠

1970년에 문을 열어 50년 이상 영업하고 있는 카페이다. 오래된 레코드판과 골동품 전화기 등 예스러운 소품이 그대로 남아있다. 바쿠에서는 식사와 음료를 같이 하기 때문에 인근 직장인들이 아지트로 찾는 편이다. LP로 된 메뉴판이 나오는 것도 가게 컨셉과 잘 어울린다. 미트 소스 스파게티를 먹는 손님이 많다.

> INFO
> Ⓐ 3 Chome-4-142階, Tenjin, Chuo Ward
> Ⓗ 11:00-22:00
> Ⓟ 대표메뉴: 미트 소스 스파게티 / 결제: 현금
> Ⓜ 5-C

> 런치메뉴는 11시부터 주문 가능하다.

 喫茶ベニス
킷사 베니스

인상 좋은 노부부가 운영하는 카페이다. 다찌석에 앉으면 사이폰 커피를 내리거나 핸드드립하는 마스터를 볼 수 있다. 사이폰 커피는 부드럽고 깔끔한 맛이 특징이다. 쓰고 떫은 맛이 없는 연한 아메리카노의 맛! 취향에 따라 설탕과 크림을 넣어 먹어도 좋다.

INFO
- Ⓐ 1 Chome-1-2 Haruyoshi, Chuo Ward
- Ⓗ 08:30-13:00
- Ⓟ 대표메뉴: 사이폰 커피와 핫케이크 세트 / 결제: 현금
- Ⓜ 3-J

 喫茶 M & M
킷사 M & M

캐널시티 맞은편에 위치한 레트로 킷사텐으로, 나폴리탄 파스타가 특히 유명하다. 토마토와 케첩을 베이스로 한 소스에 베이컨과 양파가 더해져 조화로운 맛을 낸다. 치즈가루도 듬뿍 올라가 있어 풍미를 더한다. 짜지 않고 기본에 충실한 맛이라 호불호 없이 즐기기 좋다. 다만, 실내에 담배 냄새가 많이 남아 있어 비흡연자라면 다소 불편할 수 있다.

INFO
- Ⓐ 1 Chome-6-16 Sumiyoshi, Hakata Ward
- Ⓗ 10:00-19:00
- Ⓟ 대표메뉴: 스파게티 나폴리탄 / 결제: 현금
- Ⓜ 3-F

크림소다를 빨대로 휘저으면 탄산이 폭발하기 때문에 그대로 먹는 걸 추천한다.

BAKERY : 후쿠오카 3대 빵집과 나만 알고 싶은 숨은 빵집

BAKERY : 후쿠오카 3대 빵집

현지인도 줄 서서 먹는 맛집! 후쿠오카에서 빵지순례를 계획 중이라면 여기만큼은 절대 놓쳐선 안 된다.
기다리는 동안 은은하게 풍겨오는 빵 냄새에 시간 가는 줄도 모르고 기다리게 될지도.
맛과 비주얼은 물론, 가격마저 합리적이라니! 이제 빵순이들, 모일 시간이다!

> **INFO**
> Ⓐ 1F 大博多ビル 2 Chome-2-1, Hakata Ekimae, Hakata Ward
> Ⓗ 평일 07:30-21:00, 주말 08:00-20:00
> Ⓟ 대표 메뉴: 크루아상
> Ⓜ 3-G

> **INFO**
> Ⓐ 博多深見パークビルディング 4 Chome-14-1, Hakata Ekimae, Hakata Ward
> Ⓗ 08:00-20:00
> Ⓟ 대표메뉴: 숯불 소시지 핫도그 / 결제: 음료는 현금 결제
> Ⓜ 3-K

> - 명란바게트는 카운터에서 주문하면 된다.
> - CAFÉ COUNTY 방문 시 커피 결제는 별도이다.

> **INFO**
> Ⓐ 6-17 Nishinakasu, Chuo Ward
> Ⓗ 08:00-19:00(월 휴무)
> Ⓟ 대표 메뉴: 명란 바게트
> Ⓜ 5-D

> 매장 취식 시 1인 1음료이며 여러 테이블이 있기보다 큰 원형 테이블에서 합석해서 먹어야 한다.

 パンストック天神店
팽스톡 텐진점

 福岡大博多ビル店
블랑제

 ダコメッカ
다코멧카

작은 규모의 매장이지만, 빵 종류가 많아 한국에서 보기 드문 빵을 접할 수 있다. 바게트, 크루아상, 샌드위치 등 두 손 무겁게 빵을 들고 나오면 벌써 배부른 기분이다. 특히 명란바게트는 명란 특유의 짭조름한 맛, 바게트의 바삭함이 좋다. 카페 COUNTY와 콜라보로 운영하고 있다.

후쿠오카 3대 빵집 중 하나인 곳으로 크루아상 맛집이다. 일본 전국 체인점으로 후쿠오카에는 텐진 지하상가와 오하카타 빌딩점 2개의 지점이 있다. 페스츄리 종류는 대부분 쫀득하고 바삭한 식감이 좋으며 결대로 찢어서 먹는 맛이 예술이다. 크루아상 아이스크림도 맛있는 걸 보니 크루아상 맛집이 틀림없다.

슬쩍 둘러봐도 재료를 아끼지 않고 듬뿍 담았다는 걸 알 수 있다. 자극적인 맛보다 제철재료로 만들어 원재료의 맛을 잘 살린 게 특징! 소시지빵이 시그니처 메뉴로 문 앞에서 숯불에 소시지를 굽는 모습을 볼 수 있다. 소시지빵 말고도 치아바타, 크루아상, 샌드위치, 구움과자 등 종류도 다양하다.

BAKERY : 나만 알고 싶은 숨은 빵집

정처 없이 걷다가 우연히 발견한 작은 빵집. 전통의 깊은 맛은 지키면서도 깔끔하고 담백한 감성이 돋보이는 곳. 빵순이라면 절대 그냥 지나칠 수 없는 비밀스러운 매력이 숨어있다.

INFO
- Ⓐ 3 Chome-6-20 Hakata Ekimae, Hakata Ward
- Ⓗ 09:00-20:00 (일 휴무)
- Ⓟ 대표메뉴: 카스테라 / 결제: 현금
- Ⓜ 3-K

INFO
- Ⓐ 9-3 Gionmachi, Hakata Ward
- Ⓗ 10:00-19:00 (화 휴무)
- Ⓟ 대표메뉴: 명란바게트, 소보로빵
- Ⓜ 3-F

언제가도 사람이 많지만 점심 시간 땐 1시간 이상 웨이팅할 수 있으니 참고하자!

INFO
- Ⓐ THE PALACE SHOPS JOSUI A棟 4 Chome-6-32, Yakuin, Chuo Ward
- Ⓗ 08:00-19:00, 일 09:00-16:00 (월 휴무)
- Ⓟ 대표메뉴: 쿠리쿠라, 명란 바게트, 소금빵
- Ⓜ 5-E

① フルフル博多
풀풀 하카타

풀풀 넘버원인 명란바게트는 비린 맛없이 겉은 바삭하고 속은 쫄깃하다. 인기 메뉴인 만큼 빠르게 솔드아웃되고 빠르게 만들어지기 때문에 따뜻한 명란바게트를 먹을 확률이 높다. 계산대에 명란바게트가 있으니, 구매를 원한다면 직원에게 말하면 된다. 소보로빵도 많이 달지 않고 담백해 많은 사람들이 찾는다.

② ブロートラント
브롯란드

독일어로 빵을 의미하는 브롯. 독일로 여행 온 듯한 분위기로 인테리어 자체가 고급스럽고 깔끔하다. 크림치즈와 크랜베리가 들어간 바게트(쿠리쿠라), 명란 바게트, 소금빵이 인기가 많다. 특히 소금빵의 바삭하고 쫀득한 맛은 일품! 일본에선 브롯란드가 최초로 슈톨렌을 만들었다고 한다.

③ 福島菓子舗
후쿠시마카시호

후쿠오카 프랑스 제과점으로 카스테라 3대 맛집이다. 촉촉하고 부드러운 식감, 은은한 단맛, 군더더기 없는 깔끔한 카스테라. 우유랑 같이 먹으면 더 맛있게 먹을 수 있다. 맛보기용으로 한조각만 구매할 수 있지만, 한 입 먹고 나면 선물용으로도 구매하게 된다.

BAR : 분위기 잡고 싶은 날엔, 칵테일 바

바의 끄트머리에 앉아 즐기는 한 잔의 위스키.
달콤쌉싸름한 위스키의 풍미가 목을 타고 내려와 고요한 미소를 짓게 한다.
위스키 애주가라면 누구나 좋아할 만한 바를 소개하겠다.

オスカー

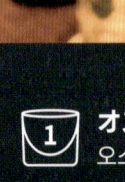
オスカー
오스카

일본 맛집 사이트 타베로그에서 평점 4점을 넘긴 바이다. 도쿄 긴자 텐더바의 카즈오 우에다상 제자로 칵테일을 배운 뒤 후쿠오카에서 약 30년 동안 오스카를 운영하고 있다. 과일로 만든 칵테일로 유명하며 매일 추천 칵테일이 달라진다. 클래식한 분위기, 과일의 산뜻함과 알싸함과 단맛의 조화가 궁금하다면 추천한다. 6층에 있다.

INFO
- Ⓐ 1 Chome-10-29 Daimyo, Chuo Ward
- Ⓗ 18:00-02:00(일 휴무)
- Ⓟ 대표메뉴: 올드패션드, 샴페인 베이스 딸기 칵테일
- Ⓜ 5-C

2 MOMOTA Bar
모모타

중년의 바텐더가 운영하는 바로, 20년이 넘은 위스키뿐만 아니라 다양한 칵테일까지 마실 수 있는 바이다. 모모타상은 마티니의 살아있는 전설, 긴자 모리바의 제자로도 유명하다. 마티니뿐만 아니라 취향의 술을 말하면 칵테일을 추천받을 수 있다. 자리에 앉으면 콘소메 스프가 나온다. 5층에 있으니 1층 간판만 찾는다면 발견하지 못할 수도 있다.

INFO
- Ⓐ 1 Chome-10-14 Daimyo, Chuo Ward
- Ⓗ 18:00-01:00(월 휴무)
- Ⓟ 대표메뉴: 마티니
- Ⓜ 5-C

3 バー・ヒグチ
히구치(시가 바)

나카스카와바타역 도보 3분 거리에 위치한 클래식 위스키 바이다. 흡연 가능한 시가 바로 호불호가 있을 수 있다. 내부로 들어오면 메인바와 미니바로 나누어져 있으며 전시된 다양한 위스키가 눈에 띈다. 시그니처 칵테일 모스크뮬은 필수! 통생강을 숙성하여 만들었기 때문에 진한 생강맛이 특징이며 은은한 레몬향이 깔끔하고 시원하게 느껴진다.

INFO
- Ⓐ 1F 83 3 Chome-4-6 多門ビル, Nakasu, Hakata Ward
- Ⓗ 19:00-01:00(일 휴무)
- Ⓟ 대표메뉴: 모스크 뮬(시그니처 칵테일)
- Ⓜ 3-F

BAR : 분위기 잡고 싶은 날엔, 칵테일 바

하이볼바 나카스 1923

오토시(자릿세) 1인당 ¥550

4 ハイボールバー 中洲1923
하이볼바 나카스 1923

산토리에서 직접 운영하는 하이볼 바이며 1923년이 산토리 야마자키 증류소를 설립한 연도이다. 클래식한 인테리어지만 들어가는 순간 목소리를 크게 내야할 정도로 활기차다. 세계 각국의 위스키를 하이볼로 제조하기 때문에 다양한 하이볼 컬렉션을 만날 수 있다. 하이볼뿐만 아니라 위스키, 와인, 맥주, 칵테일 등 다양한 주류를 마실 수 있다. 특제 탄산으로 시원한 청량감을 살린 하이볼은, 묵직한 위스키가 부드럽게 목을 타고 넘어간다. 안주로 카프레제를 추천한다. 한동안 생각날 만큼 맛이 좋다.

INFO
- Ⓐ 4 Chome-4-10 Nakasu, Hakata Ward
- Ⓗ 18:30-02:00(일 18:30-24:00)
- Ⓟ 대표메뉴: 나카스 하이볼
- Ⓜ 3-E

BAR : 현지인 술집 분위기를 즐기고 싶다면, 타치노미

타치노미는 서서 먹는 술집으로 가볍게 술을 즐길 수 있는 문화이다. 현지인들이 퇴근 후 자주 찾으며 가성비 좋은 안주가 많아 부담이 없다. 특히 좁은 매장에서 서서 마시는 특성상 처음 보는 사람과도 자연스럽게 대화 나누며 친해질 기회가 많다.

岩瀬串店
이와세 쿠시텐

사람들과 눈을 마주치는 순간 건배(건빠이)를 해야 하는 현지인 스탠드바 맛집이다. 음식 맛도 좋지만, 이와세 쿠시텐만의 코인 결제 방식과 매번 다른 메뉴 덕분에 단골손님이 많다. 안주류는 대체로 가성비가 좋아 ¥3,000만 있어도 배부르게 힐링할 수 있다. 한 시간 이상 머물지 않는 게 현지인의 암묵적인 룰이다.

INFO
- A 1 Chome-4-22 Daimyo, Chuo Ward
- H 17:00-24:00
- P 대표메뉴: 메가 하이볼(레몬사와), 매일 바뀌는 추천 메뉴
- M 5-C

천엔 단위 선불 시스템. 천엔을 금색코인 ¥100, 은색코인 ¥50으로 교환할 수 있다. 남은 코인은 환불 불가하며 다음 방문 때 다시 사용 가능하다.

立ち呑みとうどん みのり 大名
타치노미 미노리

현지인과 함께 텐션 업 되는 시끌벅적한 선술집이다. 20대부터 50대까지 다양한 연령대의 현지인이 찾는 곳이다. 서서 먹는다는 뜻을 지닌 '타치노미'는 2차 혹은 3차때 가볍게 들려 술 한잔하기 좋다. 술 종류도 다양하며 우동에 진심이라 따뜻한 국물과 함께 사케 한 잔으로 기분 좋은 저녁을 보낼 수 있다. 후쿠오카 명물 고마사바와 튀김류도 많다. 최대 30명까지 수용 가능하며 회전율이 좋아 따로 예약하지 않고 찾는 편이다. 미노리는 오토시(자릿세)가 없어서 좀 더 가성비 있게 즐길 수 있다.

INFO
- A 1 Chome-9-25-103 Daimyo, Chuo Ward
- H 18:00-01:00
- P 대표메뉴: 카케우동, 수고하셨어요 하이볼
- M 5-C

LIFESTYLE
& SHOPPING

곁에 두고 싶은 아이템들로 가득한 후쿠오카.
유행을 따르기보다 매장마다 뚜렷한 개성을 자랑하는 편집숍들을 구경하다 보면,
어느새 머릿속으로 나만의 공간을 꾸미는 상상을 하게 된다.
꼭 사지 않아도 괜찮지만, 내 공간을 좀 더 특별하고 아늑하게 만들기 위해
결국 두 손 가득 쇼핑백을 들게 될지도 모른다.

[THEME]

CITY MALL : 후쿠오카 쇼핑몰 총정리

01

SELECT SHOP : 아는 사람만 아는, 편집숍

02

INTERIOR SHOPPING SHOP : 집으로 데려오고 싶은 인테리어 소품숍

03

GENERAL STORES AND DRUG STORES : 안 가면 섭섭한, 잡화점과 드럭스토어

04

CONVENIENCE STORE : 편의점 간식 추천 리스트

05

DON QUIXOTE : 돈키호테에 간다면 꼭 사야 하는 쇼핑 리스트

06

SOUVENIR : 선물로 마음을 전하는 오미야게

City Mall

후쿠오카 쇼핑몰 총정리

패션, 뷰티 등 최신 트렌드 제품부터 전통 공예품과 지역 특산 먹거리를 아우르는 폭넓은 쇼핑까지 가능한 지역이다. 특히 규슈 전역의 특산품을 후쿠오카에서 쉽게 만나볼 수 있어, 여행자들에게 규슈 쇼핑의 거점으로 사랑받고 있다.

텐진 인근

1. 大丸 福岡天神店
다이마루 백화점 텐진

후쿠오카 번화가 텐진에 위치한 백화점으로, 지하 2층에 다양한 디저트와 기념품을 구매하기 위해 많은 사람들이 찾는다. 2층에는 지미추, 베르사체, 발레시아가 등 명품 브랜드가 입점되어 있다. 다이마루에서 손수건, 양산, 양말 등을 구매하는 사람 역시 많다.

2. ソラリアプラザ
솔라리아 플라자

텐진 지하상가와 연결되어 있어 접근성이 좋다. 미용, 문구, 주방용품, 패션 쇼핑뿐만 아니라 영화관, 호텔, 레스토랑 등 문화와 여가를 한번에 즐길 수 있다. 지역 특산물을 패키지로 구매할 수 있는 딘앤델루카에서 특별한 기념품을 구매해 보자.

3. 岩田屋 本店
이와타야 백화점

한국 여행객이 많이 찾는 셀린느는 신관 2층에 있다. 오픈런해도 기본 웨이팅이 1시간이다. 꼼데가르송, 비비안 등 다양한 명품 브랜드가 있으며 그 외 다양한 닷사이 매장과 맛집이 모여 있다.

4. ミーナ天神
미나 텐진

유니클로, 세리아, 지유 등 가성비 쇼핑을 즐기기 좋은 쇼핑몰이다. 일본 유행 트렌드를 한눈에 살펴보기도 좋다. 여성복, 남성복, 아동복 등 다양한 제품 라인업을 만날 수 있어 누구나 만족하는 쇼핑을 할 수 있다.

Tip.
유니클로 2층에는 면세 카운터가 따로 마련되어 있어서 쇼핑 후 면세받기 편하다.
입점 브랜드: 지유, 유니클로, 니토리, 진스, 로프트, 세리아, 쓰리코인즈 등

Tip.
본관 지하 1층 면세점이 있으며 ¥5,500 이상 구매 시 면세가 가능하다.
입점 브랜드: 루피시아, 버버리, 디올, 불가리, 샤넬, 코치 등

Tip.
층마다 영업시간이 다르다.
지하2층 10:00-22:00,
지하 1층~5층
평일 11:00-20:00,
주말 10:00-20:00, 6~7층
레스토랑 11:00-22:00
입점 브랜드: 비샵, 인큐브, 아트 모스 핑크

Tip.
게스트카드를 발급받으려면 신관 7층 면세 카운터로 가자. 여권만 있으면 쉽게 만들 수 있다. ¥3,000 이상의 쇼핑을 할 예정이라면 발급받는 걸 추천한다.
입점 브랜드: 헌터, 셀린느, 꼼데가르송, 에르메스, 바오바오, 비비안웨스트우드 등

하카타 인근

1. Kitte 博多
킷테 하카타

여행의 시작점인 하카타역과 붙어 있다. 지하 1층, 9층, 10층은 식당이며 1층부터 7층까지가 마루이 백화점이다. 식품관, 잡화점, 패션 등 다양한 제품을 구매할 수 있다. 특히 킷테는 야경 명소로 저녁의 하카타 시내를 둘러보기도 좋다.

Tip.
- 1층 중앙 출입구 쪽 인포메이션에서 레스토랑 쿠폰을 받을 수 있다(운영 10:00-21:00)
- 6층 렉커피는 스페셜 커피 전문점으로 라떼 아트로 유명하다.

입점 브랜드: 세리아, 칼디커피팜, 캔메이크, 세잔느 등

2. ベイサイドプレイス博多
베이사이드 플레이스 하카타

하카타부두 여객터미널과 일체화된 해양 테마 쇼핑몰로 아쿠아리움, 만안시장, 온천 나미하노유 등을 즐길 수 있다. 하카타 포트타워에서 하카타 바다 전망을 볼 수 있으며 저녁에는 일루미네이션과 야경을 보기 위해 찾는 사람이 많다.

3. ららぽーと福岡
라라포트

2022년에 오픈한 복합쇼핑몰로 약 24.8m 건담 조형물이 눈에 띈다. 10시부터 18시까지 정시마다 목과 팔이 움직이는 건담쇼가 진행된다. 230여 개의 점포와 9개의 광장으로 구성되어 있으며 생활 잡화점부터 패션브랜드, 라이프스타일 쇼핑몰, 맛집, 카페 등이 다양하게 입점되어 있다. 건담 덕후라면 4층 건담사이드도 꼭 둘러보길.

Tip.
종합 안내소에서 여권 제시 시 할인 쿠폰을 받을 수 있다.

입점 브랜드: 지유, 유니클로, 갸챠 등

텐진 인근
1. 다이마루 백화점 Ⓐ 1 Chome-4-1 Tenjin, Chuo Ward Ⓗ 10:00-20:00 Ⓜ 3-E
2. 솔라리아 플라자 Ⓐ 2 Chome-2-43 Tenjin, Chuo Ward Ⓗ 평일11:00-20:00, 주말 10:00-20:00 Ⓜ 5-D
3. 이와타야 백화점 Ⓐ 2 Chome-5-35 Tenjin, Chuo Ward Ⓗ 10:00-20:00 Ⓜ 5-C
4. 미나텐진 Ⓐ 4 Chome-3-8 Tenjin, Chuo Ward Ⓗ 10:00-20:00 Ⓜ 5-A

하카타 인근
1. 킷테 하카타 Ⓐ 9-1 Hakataekichuogai, Hakata Ward Ⓗ 07:00-24:00 Ⓜ 3-G
2. 베이사이드플레이스 하카타 Ⓐ 13-6 Chikkohonmachi, Hakata Ward Ⓗ 06:30-23:00 Ⓜ 2
3. 라라포트 Ⓐ 6 Chome-23-1 Naka, Hakata Ward Ⓗ 10:00-21:00

ビームス 博多
빔즈 하카타점

JR 하카타역과 연결된 아뮤플라자 3층에 위치해 있다. 빔즈 재팬만의 감성이 깃든 티셔츠, 모자, 양말 등 트렌디한 아이템이 많다. 품질 좋은 옷을 합리적인 가격에 구매할 수 있다. 다양한 브랜드와 협업한 제품들도 볼 수 있기 때문에 시간 가는 줄 모르고 쇼핑하게 될지도.

Ⓐ Hakata Ward, Hakataekichuogai, 1-1 JR博多シティ・アミュプラザ博多 3F
Ⓗ 10:00-20:00 Ⓜ 5-C

· LIFE STYLE ·

SELECT SHOP
아는 사람만 아는, 편집숍

유행 타지 않는 클래식 아이템부터 패션 업계를 선도하는 패션 스타일을 찾고 싶다면? 각종 백화점, 다이묘 거리, 지하 쇼핑 상가 등이 모여 있어 도보로도 충분히 효율적인 쇼핑이 가능하다.

론 허먼 후쿠오카점

ビオトープ
비오탑

오호리 공원 도보 5분 거리에 있는 편집숍이다. 1층은 카페이며 2층은 편집숍이다. 마르지엘라, 자크뮈스, 텔카, 이솝, 바이레도, 마르지엘라 등 다양한 셀렉 브랜드들이 있다. 비오탑은 빈티지 청바지로 유명하다. 그 외 잡화, 화장품, 리빙 등 다양한 라이프스타일 제품도 많다.

Ⓐ Chuo Ward, Akasaka, 2 Chome-6-30 2F
Ⓗ 11:00-20:00 Ⓜ 4-D

ロンハーマン福岡店
론 허먼 후쿠오카점

감각적인 디자인 라이프스타일숍으로 여성·남성복, 리빙, 잡화 등 다양한 제품을 판매한다. 밀라숀, 데미뉴욕, 론 허먼 자체브랜드 등의 다양한 제품이 있으며 소재도 좋고 제품도 하나같이 예뻐서 눈이 휘둥그레질지도 모른다. 틀에 박히지 않는 스타일이라 자기만의 스타일을 찾기도 좋다. 디저트 맛집 카페도 같이 운영하고 있으니 쇼핑 후 잠깐 휴식도 취해보자.

Ⓐ 1 Chome-15-43 Kego, Chuo Ward
Ⓗ 11:00-19:30 Ⓜ 5-E

ダイスアンドダイス
다이스 앤 다이스

내부 인테리어부터 트렌디한 편집숍으로, 그래프 페이퍼, 야에카 등 다양한 의류 브랜드 제품이 마련되어 있다. 가격대는 다소 높지만 마니아층이 선호하는 실력파 디자이너 제품으로 실패 없는 쇼핑 경험이 될지도 모른다. 깔끔한 의류 전시 또는 친절한 안내 덕분에 원하는 제품도 쉽게 찾을 수 있다.

Ⓐ Chuo Ward, Imaizumi, 2 Chome-1-43 DXD bldg
Ⓗ 13:00-18:00 Ⓜ 5-E

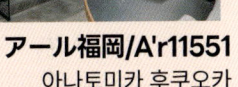

アール福岡/A'r11551
아나토미카 후쿠오카

2층 주황색 현수막을 발견했다면, 이제 쇼핑할 마음의 준비만 하면 된다. 매장에 들어서는 순간, 쇼핑하느라 시간이 어떻게 가는지 모를 테니까. 아나토미카 제품과 록키 마운틴 베스트 제품 등 다양한 컬렉션도 만나볼 수 있다. 특히 시그니처 아이템인 데님 바지와 록키마운틴 제품은 꼭 확인해 보자.

Ⓐ Chuo Ward, Kego, 1 Chome-15-51 51Rich Stage 上人橋2F RichStage上人橋
Ⓗ 13:00-20:00(화 휴무) Ⓜ 5-C

ガッシュフクオカ
고우아체 후쿠오카

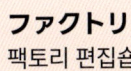

아기자기한 그릇과 소품을 판매하는 편집숍으로 재질 좋고 디자인 예쁜 제품이 많다. 주로 킨토 투고 텀블러, 센사티아 제품이 많은 편이다. 둘러보다 보면 예쁜 그릇에 맛있는 음식을 담고 싶은 충동이 들지도.

Ⓐ 1 Chome-19-8 Imaizumi, Chuo Ward
Ⓗ 11:00-20:00 Ⓜ 5-C

ファクトリ
팩토리 편집숍

한국인에게도 유명한 골목에 위치한 편집숍으로, 프레쉬서비스, 언더커버, 오라리, 라스벳 등 다양한 브랜드 제품을 볼 수 있다. 혼자 방문해도 직원들이 친절하게 스타일링을 도와주며, 어울리는 아이템을 추천받아 부담 없이 쇼핑을 즐길 수 있다.

Ⓐ 2 Chome-5-4 Imaizumi, Chuo Ward
Ⓗ 12:00-19:30 Ⓜ 5-C

· LIFE STYLE ·

INTERIOR SHOPPING SHOP

집으로 데려오고 싶은 인테리어 소품숍

100엔숍으로 합리적인 쇼핑이 가능한 이곳! 다들 캐리어에 공간 남겨놨겠지?

쓰리비 포터즈

B·B·B POTTERS
쓰리비 포터즈

텐진 다이묘거리에서 빠질 수 없는 쇼핑 명소! 1층엔 다양한 그릇 및 주방용품, 2층에는 생활용품, 옷, 인테리어 용품이 마련되어 있다. 특히 유미코 이이호시 제품이 많으며 제품 모두 가격대가 높은 만큼 퀄리티가 좋다. 카페도 있으니 브런치나 디저트도 즐겨 보자!

Ⓐ Chuo Ward, Yakuin, 1 Chome-8-8 1~2F
Ⓗ 11:00-19:00   Ⓜ 5-E

트렌드와 가성비를 동시에

ダブルデイ アミュプラザ博多店
더블데이(아뮤플라자)

일본 감성 충만한 주방용품, 인테리어 소품이 있는 곳. 나도 모르게 머릿속으로 집 인테리어를 꾸미게 될지도.

Ⓐ Hakata Ward, Hakataekichuogai, 1-17階 JRアミュプラザ博多
Ⓗ 10:00-20:00   Ⓜ 3-G

Seria ミーナ天神店
세리아(미나텐진)

애니덕후라면 놓칠 수 없는 이곳! 캐릭터 카드와 문구류가 줄지어 있다.

Ⓐ Chuo Ward, Tenjin, 4 Chome-3-8 ミーナ天神 6F
Ⓗ 10:00-21:00   Ⓜ 5-A

3COINS
3코인즈(미나텐진)

다이소보다 조금 더 높은 퀄리티의 제품을 구매할 수 있는 300엔숍이다.

Ⓐ Chuo Ward, Tenjin, 4 Chome-3-8 B1F
Ⓗ 10:00-21:00   Ⓜ 5-A

ナチュラルキッチン アンド
내추럴키친(텐진 지하상가)

굳이 필요할까 싶은 소품들까지 집에 들이게 되는 소품숍. 합리적인 가격으로 주방용품을 구매할 수 있다.

Ⓐ 天神地下街, The 1st Block North Square, 福岡市中央区天神, 2 Chome-地下3 前
Ⓗ 10:00-20:00   Ⓜ 5-B

Standard Products
스탠다드 프로덕트

Ⓐ Hakata Ward, Hakataekichuogai, 2-1 博多バスターミナル店 5階
Ⓗ 09:00-21:00   Ⓜ 3-G

주방용품, 생활용품 등 심플하면서도 깔끔한 아이템이 많다. 기본에 충실한 무인양품을 좋아하는 사람이라면 한번 둘러보는 걸 추천한다. 기본템에 색깔만 조금씩 다르기 때문에 무난하게 쇼핑을 즐길 수 있다.

· LIFE STYLE ·

GENERAL STORES AND DRUG STORES

안 가면 섭섭한, 잡화점과 드럭스토어

실용적이면서도 감각적인 아이템이 가득한 잡화점과 드럭스토어는 쇼핑의 즐거움을 더한다.

칼디커피팜

ⓐ カルディコーヒーファーム 天神地下街店 칼디커피팜
(95p 참고)

텐진 지하상가 1층에 있는 식료품 쇼핑 매장이다. 메론빵 스프레드와 커피 등을 구매하기 위해 방문하는 여행객이 많다. 텐진 지하상가엔 현지인과 여행객이 많은 편이라 인기 있는 제품은 빨리 품절된다. 하카타역과 라라포트에도 매장이 있다.

Ⓐ Chuo Ward, Tenjin, 2 Chome-地下1 東11番街 天神地下街 011号
Ⓗ 10:00-21:00 Ⓜ 5-D

ⓑ ドン・キホーテ 돈키호테 (92~93p 참고)

발 디딜 틈이 없을 정도로 많은 한국 여행객이 방문하는 돈키호테! 과자, 화장품, 생활용품, 의약품 등 없는 게 없다. 특히 돈키호테 텐진 본점은 지하 1층부터 5층까지 있으며 주로 지하 1층, 지상 1층 식료품 코너와 3층 화장품, 5층 의약품 코너에 사람이 많다. ¥10,000 구매 시 5%할인, 세금 제외하고 ¥5,000 이상 구매 시 면세 혜택을 받을 수 있다. 여권은 필수!

Ⓐ 1 Chome-20-17 Imaizumi, Chuo Ward Ⓗ 24시간 Ⓜ 5-C

ⓒ ドラッグイレブン 드러그 일레븐

세금 포함 ¥5,500 이상 구매 시 10% 면세를 받을 수 있다. 돈키호테와 가격을 비교했을 때 같은 제품도 조금 더 저렴하게 구매할 수 있다. 돈키호테의 긴 줄을 기다리기 어렵다면 드러그 일레븐도 추천한다. 주로 샤론 파스, 비오레 제품, 곤약젤리, 녹차맛 킷켓 등을 구매하는 사람이 많다.

Ⓐ 2 Chome-2-14 Tenjin, Chuo Ward Ⓗ 10:00-23:00 Ⓜ 5-D

ⓓ 薬 マツモトキヨシ 博多駅地下街店 마츠모토 키요시

일본의 올리브영으로 캔메이크, 시세이도 모아 립밤, 피노 프리미엄 터치 헤어 마스크 등 뷰티 제품과 상비약을 합리적으로 쇼핑하기 위해 찾는 사람이 많다. 돈키호테와 비교했을 때 저렴하게 구매할 수 있는 제품도 있으니 기념품 구매 목록부터 작성해 보자.

Ⓐ 地下4 Hakataekichuogai, Hakata Ward Ⓗ 09:00-22:00 Ⓜ 3-G

ⓔ ハンズ 핸즈

JR 하카타역과 직결된 곳으로 여행, 가방, 아웃도어, 뷰티, 인테리어 등 다양한 제품을 판매한다. 1~5층에 위치하고 있어서 구경 거리도 많다. 선물용으로 인기 있는 양우산은 1층에 있다. 세금 포함 ¥5,500 이상 구매 시 면세도 가능하다.

Ⓐ Hakata Ward, Hakataekichuogai, 1-1, JR HAKATA CITY, 1~5F
Ⓗ 10:00-20:00 Ⓜ 3-G

メロンパン

패밀리마트

메론빵
소보로빵 모양과 매끈한 메론빵 모두 인기 만점. 소보로빵은 크림이 없고 매끈한 메론빵은 꾸덕꾸덕하고 촉촉한 메론크림이 들어있는 게 차이.

サクサクパンダ

사쿠사쿠판다
귀여운 판다에 간택! 당충전하기 좋은 초코 과자로 우리나라 빈츠 또는 칸쵸랑 비슷.

スフレプディング

수플레 푸딩
치즈를 넣은 폭신한 수플레 케이크와 커스터드 푸딩, 카라멜까지 먹을 수 있는 1석 3조 푸딩.

タマゴサンドイッチ

타마고샌드위치
계란 듬뿍 들어있는 부드러운 샌드위치, 우유 없이도 아침 식사 가능!

· SHOPPING ·

CONVENIENCE STORE

편의점 간식 추천 리스트

어딜가나 보이는 편의점.
칼로리 계산은 잠시 접어두자.

로손

白食并たいやき

시로모찌 타이야끼
커스터드 크림이 들어간 일본식 떡 붕어빵으로 말캉말캉 쫀득한 식감이 중독적.

세븐일레븐

ラングドシャ

랑그드샤
쿠크다스에 화이트 초콜릿을 껴놓은 듯한 과자로 커피랑 같이 먹기 좋은 간식.

로손

もちロール

모찌롤
쫀득한 모찌에 우유 크림이 듬뿍 담긴 롤케이크. 차갑게 먹을수록 단맛 상승!

クリームブリュレアイスクリーム

크림브륄레아이스크림
살짝 녹여 캐러멜리제를 쪼개 먹는 아이스크림으로 오독오독 씹히는 달고나 부드러운 바닐라 아이스크림을 같이 먹는 느낌.

もちぷよ

모찌뿌요
찹쌀떡 같은 식감에 달콤한 홋카이도산 우유크림이 주르륵 흐르는 비주얼, 한 입 쏙 간식.

모든 편의점

ジャッジプリン

쟈지푸딩
일본에 간다면 무조건 먹어야 하는 대표 푸딩으로 진한 우유 맛이 특징.

ルナバニラヨーグルト

루나바닐라요거트
생크림 요거트지만 푸딩처럼 꾸덕하고 부드러우며 달콤하면서 요거트 특유의 신맛이 적어서 호불호가 없음.

明治武野小野里
たけのこの町

메이지 타케노코노사토 죽순의 마을
일본판 초코송이로 계란 과자에 카카오향이 느껴지는 과자.

じゃがりこ

자가비
맥주 안주로 딱. 명란버터 맛 추천!

PINO

피노
초코 속 우유 맛 나는 아이스크림. 꾸덕꾸덕한 식감으로 입에서 살살 녹는 게 특징!

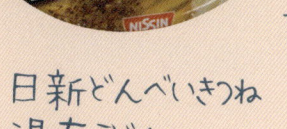

日新どんべいきつね
湯布うどん

닛신 돈베이 키츠네 유부우동
넓적한 면, 달달한 유부가 통째로 들어간 호불호 없이 먹기 좋은 라면.

サントリーハイボール

산토리하이볼
산토리 위스키에 탄산수를 더해 시원하면서도 깔끔한 맛이 특징, 단맛은 없는 편.

ORIHIRO
こんにゃくゼリー

오리히로 곤약젤리
자몽, 사과, 포도 등 종류만 열 가지가 넘는 곤약젤리. 칼로리 걱정도 제로.

アサヒビール

아사이 맥주
캔을 따면 몽글몽글한 거품이 올라와 생맥주로 변신! 온도에 따라 거품양이 달라지니 최소 6시간 이상 시원한 곳에 두고 마시면 됨.

퍼펙트휩
생크림 같은 크림 타입 세안제로 자극 없이 모공 속까지 말끔하게 씻어내는 클렌징폼.

로토 멜라노 cc세럼
칙칙한 피부 톤 개선에 도움을 주는 미백 세럼으로 3종 비타민 성분이 있어 기미, 잡티, 흔적 집중 케어가 가능한 뷰티 아이템.

케프 스프레이
아침에 한 헤어 스타일을 고정하고 싶다면? 자연스럽게 앞머리와 스타일이 고정되는 스프레이로 4단계 제품이 유명.

· SHOPPING ·

ドン・キホーテ

DON QUIXOTE

돈키호테
돈키호테에 간다면 꼭 사야 하는 쇼핑 리스트.

뷰티

화장품과 스킨케어 제품을 좋아하는 뷰티 마니아라면 놓칠 수 없는 쇼핑 리스트! 내 피부를 한층 빛나게 해줄 아이템이 여기 다 모여있다.

사나 두유 아이크림
두유 성분이 들어간 아이크림으로 어둡고 칙칙한 눈가를 촉촉하게.

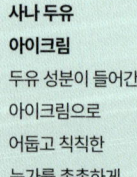 

럭스 헤어오일
모발에 윤기를 주고 부드러운 머리결을 만들어 주는 헤어 오일.

피노 헤어팩
끊어지고 푸석한 머리카락의 깊은 보습이 필요할 때! 뿌리부터 모발 끝까지 영양을 전달하는 헤어팩.

허니체 크리미 허니
건조한 모발에 수분을 공급하는 헤어팩.

비오레 UV 아쿠아 미스트
가벼운 자외선 차단 안개 미스트. 보습 성분제가 있어 자외선 차단과 수분까지 모두 해결! 얼굴보다 몸에 적합한 제품.

고바야시 쇼슈겐
화장실 사용 전 후로 변기에 한두 방울씩 떨어뜨리면 냄새가 사라지는 변기 탈취제. 똥쟁이들 필수템.

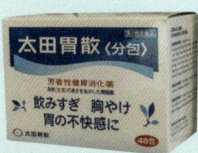

오타이산
일본 국민 소화제로 소화기에 도움을 주는 건강 보조제. 소화불량, 속쓰림 등 속이 더부룩한 사람들에게 추천.

휴족시간
피로한 다리에 붙이는 패치로 5가지 허브 성분이 함유되어 있으며 쿨링 효과로 시원한 느낌. 자고 일어나면 다리가 한층 더 가벼워질지도.

샤론파스
약 8시간 지속되는 근육통 완화에 도움을 주는 파스.

의약품

일본 여행을 하면 꼭 들르게 되는 돈키호테. 24시간 운영하지만, 언제 가도 늘 사람으로 북적인다. 여행객의 장바구니를 보면 하나같이 담겨 있는 인기 의약품들이 눈에 띈다. 몸의 피로를 푸는 데도, 선물용으로도 손색 없는 선물 리스트를 확인해 보자.

의약품은 B1F에!

뷰티는 3F에!

돈키호테 후쿠오카 텐진 본점

키베진
양배추 성분인 MMSC가 주성분인 소화제. 숙취 해소제로도 알려짐.

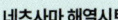

로이히츠보코
통증 완화에 도움을 주는 동전 파스로 찌뿌둥한 몸에 붙이면 끝!

네츠사마 해열시트
체온 조절에 도움 주는 시트로 열 날 때 붙이면 끝! 약산성이라 피부에 자극 없이 최대 8시간 사용 가능.

이브
두통, 생리통에 효과적인 진통제.

메구리즘
눈의 피로를 덜어주어 스스로 잠들게 하는 수면안대.

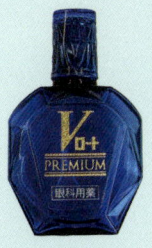

브이로토
눈에 박하사탕을 넣은 듯한 시원함. 눈에 필요한 성분이 들어있는 안약.

· SHOPPING ·

SOUVENIR

선물로 마음을 전하는 오미야게

일본 감성을 나누고 싶다면? 친구와 가족을 위한 오미야게를 준비해 보자. 후쿠오카만의 특색이 담긴 전통 과자부터 트렌디한 간식까지 다양한 선택지가 있다. 귀여운 포장지는 선물 받는 이의 마음을 한층 더 기분 좋게 만들어 줄 것이다.

공항면세점

니와카 센베이
니와카 가면을 모티브로 한 과자. 밀가루, 설탕, 계란의 주원료인 옛날 과자로 바삭한 식감이 특징.

にわかせんぺい

ひよこ

히요코
귀여운 병아리 모양의 만쥬. 단맛이 강하지 않으며 겉은 부드럽고 속은 흰 앙금이 가득 담겨 있는 간식.

やまや めんたい

博多トリモン

야마야의 멘타이튜브
그냥 먹거나 밥 위에 올려 먹거나 요리에 활용하기 좋은 매운 명란젓의 튜브.

하카타 토리몬
생크림과 버터로 구운 빵에 촉촉한 앙금이 들어간 하카타 대표 간식.

一蘭ラーメン ミールキット
이치란라멘 밀키트
이치란 라멘을 집에서 쉽게 만들어 먹을 수 있는 밀키트.

じゃがりこ
가루비 자가리코
바삭바삭한 식감과 짭조름하고
고소한 스틱형 감자스낵.
샐러드, 명란, 치즈 등이 있는데
중독성이 강해서 계속 손이 갈지도?

돈키호테

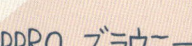

PPRO ブラウニー
PPRO 브라우니
속이 꽉 찬 진한 초콜릿 맛의 브라우니.

칼디

食パンスプレッド
식빵 스프레드
크림 같은 질감의 스프레드를
빵 위에 발라 토스트기에
구우면 끝! 사각거리는 식감과
달콤함이 커피와의 궁합 최고.
메론빵이 인기.

シチリア レモネード ベース
시칠리아 레몬에이드 베이스
상큼한 레몬 맛의 음료 베이스로 물이나 탄산수에 넣으면 끝.

ウォータードリップ コーヒーバッグ
워터 드립 커피백
선물하기 좋은 가성비 드립 커피백으로 8시간 이상 추출하면 향긋한 커피 완성.

PLACES TO STAY

아늑하고 편안한 호텔로 체크인

숙소 선택은 여행의 질을 좌우하는 중요한 요소이다.
머무는 장소에 따라 여행 동선이 수월해지고 피로를 덜 수 있다.
취향에 맞는 지역과 스타일을 고려해 호텔을 예약하고 더 완벽한
여행 계획을 세워보자.

지역 선택하기

1. 캐널시티
영화관, 식당, 게임센터 등 다양한 시설이 모여 있는 곳이다. 나카스 지역과 가깝기 때문에 저녁에 후쿠오카 야경과 나카스 야타이를 즐길 수 있다. 쇼핑과 일본 야타이 문화를 함께 즐기고 싶은 사람에게 추천한다.

2. 하카타
후쿠오카 교통 중심지로 공항뿐만 아니라 어딜가나 이동하기 편하다. 또한 아뮤 플라자, 마루이 등 역 주변 쇼핑센터도 많기 때문에 교통과 쇼핑, 미식을 한번에 즐기고 싶은 여행객에게 추천한다.

3. 시사이드
후쿠오카타워와 후쿠오카 돔이 있는 해안 지역이다. 해변 따라 산책을 즐기거나 후쿠오카 시내를 보며 전경을 감상할 수 있다. 도심의 복잡함에서 벗어나 한적한 휴식을 취하고 싶은 여행객에게 추천한다.

4. 텐진
후쿠오카 최대의 쇼핑 및 상업 지역이다. 미츠코시, 이와타야 등 백화점뿐만 아니라 솔라리아, 파르코 등 각종 다양한 패션 쇼핑몰이 모여 있기 때문에 쇼핑이 목적인 여행객에게 추천한다. 인근에 바가 많아서 나이트라이프도 즐기기 좋다.

후쿠오카 호텔 이용 팁

1. 객실이 좁다.
캐리어를 하나 펼쳐 놓기 힘들 정도로 객실이 좁은 편이니 객실 크기는 기대하지 않는 게 좋다.

2. 미리 예약하면 저렴하다.
일정이 확정되면 호텔을 미리 예약하는 게 좋다. 임박했을 때 예약하면 같은 객실이라도 비싸게 예약하는 경우가 많다.

시사이드

1 ヒルトン福岡シーホーク
힐튼후쿠오카 씨호크

창문 밖으로 탁 트인 모모치해변이 보이는 뷰 맛집 호텔이다. 객실에서 일몰을 감상할 수 있어 호텔에만 머물러도 힐링이 가능하다. 객실에 따라 후쿠오카타워도 보인다. 로비층인 4층에 조식당이 있는데 웅장한 분위기로 유명하다. 밖에서 호텔을 보면 배 모양이다. 힐튼에 머물게 된다면 조식을 먹어보는 걸 추천한다. 종류도 많지만 맛도 좋다. 야외수영장, 대욕장 등 부대시설도 잘 갖추고 있다. 대욕장은 호텔 투숙객만 이용할 수 있으며 요금은 별도이다.

- Ⓐ 2 Chome-2-3 Jigyohama, Chuo Ward
- Ⓗ 체크인 16:00, 체크아웃 11:00
- Ⓜ 4-C

어메니티
샴푸, 컨디셔너, 보디워시, 칫솔, 치약, 빗, 잠옷, 수건

숙박세
1박 1인 ¥200

캐널시티

2 グランドハイアット福岡
그랜드 하얏트 후쿠오카

일본 호텔치고는 객실이 넓은 편이며 수영장, 사우나, 라운지 등 부대시설도 잘 갖추고 있다. 일본 전통 다다미방이 있어서 가족 여행으로 왔을 때 머물기 좋다. 캐널시티와 연결되어 있어서 쇼핑을 하거나 맛집투어, 근교 관광까지 편하게 할 수 있는 최적의 위치이다. 객실에 따라 다르지만, 통창문 밖으로 나카스 전망 또는 캐널시티 전망을 볼 수 있다. 특히 1층 라운지에서 캐널시티 분수쇼를 볼 수 있어서 인기가 많다.

어메니티
생수, 커피, 샤워가운, 다리미, 수건, 일회용 칫솔, 치약, 샴푸, 컨디셔너, 보디워시, 빗, 면봉, 보디로션 등
숙박세
1박 1인 ¥200, 숙박객 수영장 무료 이용 가능, 수영모 착용 필수 (레쉬가드, 수영모 등 대여 가능), 스파 투숙객 ¥2,000

Ⓐ 1 Chome-2-82 Sumiyoshi, Hakata Ward
Ⓗ 체크인 15:00, 체크아웃 12:00 Ⓜ 3-F

하카타

3 オリエンタルホテル福岡博多ステーション
오리엔탈호텔 후쿠오카 하카타스테이션

지하 2층에 지하철 공항선과 연결되어 있어서 공항과의 이동이 편하다. 로비는 2층, 객실은 5층부터 11층, 루프탑은 11층에 있다. 객실은 모던한 인테리어라 쾌적하게 휴식을 취하기 좋다. 오리엔탈호텔은 조식 맛집으로 소문나 있기 때문에 여행 일정상 무리가 없다면 먹어보는 걸 추천한다. 무료 짐보관소, 카페, 코인 세탁기, 피트니스 센터 등 부대시설이 마련되어 있다.

어메니티
생수, 커피, 스마트 TV(유튜브 연결 가능), 잠옷, 샴푸, 컨디셔너, 보디워시 등
숙박세
1박 1인 ¥200

Ⓐ 4-23 Hakataekichuogai, Hakata Ward
Ⓗ 체크인 15:00, 체크아웃 11:00 Ⓜ 3-H

하카타

4 ザ ブラッサム 博多プレミア
더 블라썸 하카타 프리미어

하카타역과 캐널시티 사이에 있는 호텔로 모던하지만 고급스러운 인테리어가 특징이다. 1층에 스타벅스, 2층에 식당이 있으며 캐널시티 쇼핑몰과 가까워서 쇼핑하기도 좋다. 리셉션은 4층에 있으며 짐 보관 서비스도 이용 가능하다. 호텔 내 대욕장이 있어 여행객에게 인기가 많다. 대욕장 옆에 자판기, 전자레인지, 세탁기 등 각종 부대시설도 잘 갖추고 있다.

Ⓐ 3 Chome-26-30 Haruyoshi, Chuo Ward
Ⓗ 체크인 15:00, 체크아웃 11:00 Ⓜ 3-F

5 クロスライフ博多天神
크로스 라이프 하카타 텐진

2021년에 지어진 호텔로 외관, 로비, 객실 모두 모던한 인테리어에 깔끔한 편이다. 텐진 미나미역에서 도보 5분 정도 소요되는 위치에 있다. 나카스 포장마차와 가까운 편이라 저녁에 간단하게 맥주를 즐긴 뒤 편하게 쉬기 좋으며 인근에 백화점, 상점, 맛집이 있어서 머물기도 좋다. 어메니티 박스에서 필요한 만큼 어메니티를 챙겨가면 된다. 2층에는 대욕장과 전자레인지, 세탁기 등 편의시설이 구비되어 있다. 잘 관리된 대욕장에서 하루의 피로를 풀기에 충분하다.

어메니티
공기청정기, 생수, 티백, 칫솔, 치약, 면도기, 샤워캡, 면봉, 샴푸, 컨디셔너, 보디워시, 수건, 잠옷 등
숙박세
1박 1인 ¥200

텐진

어메니티
샴푸, 컨디셔너, 보디워시, 수건, 칫솔, 면봉, 빗, 면도기, 잠옷 등
숙박세
1박 1인 ¥200

Ⓐ 2 Chome-8-12 Hakata Ekimae, Hakata Ward
Ⓗ 체크인 15:00, 체크아웃 11:00 Ⓜ 3-F

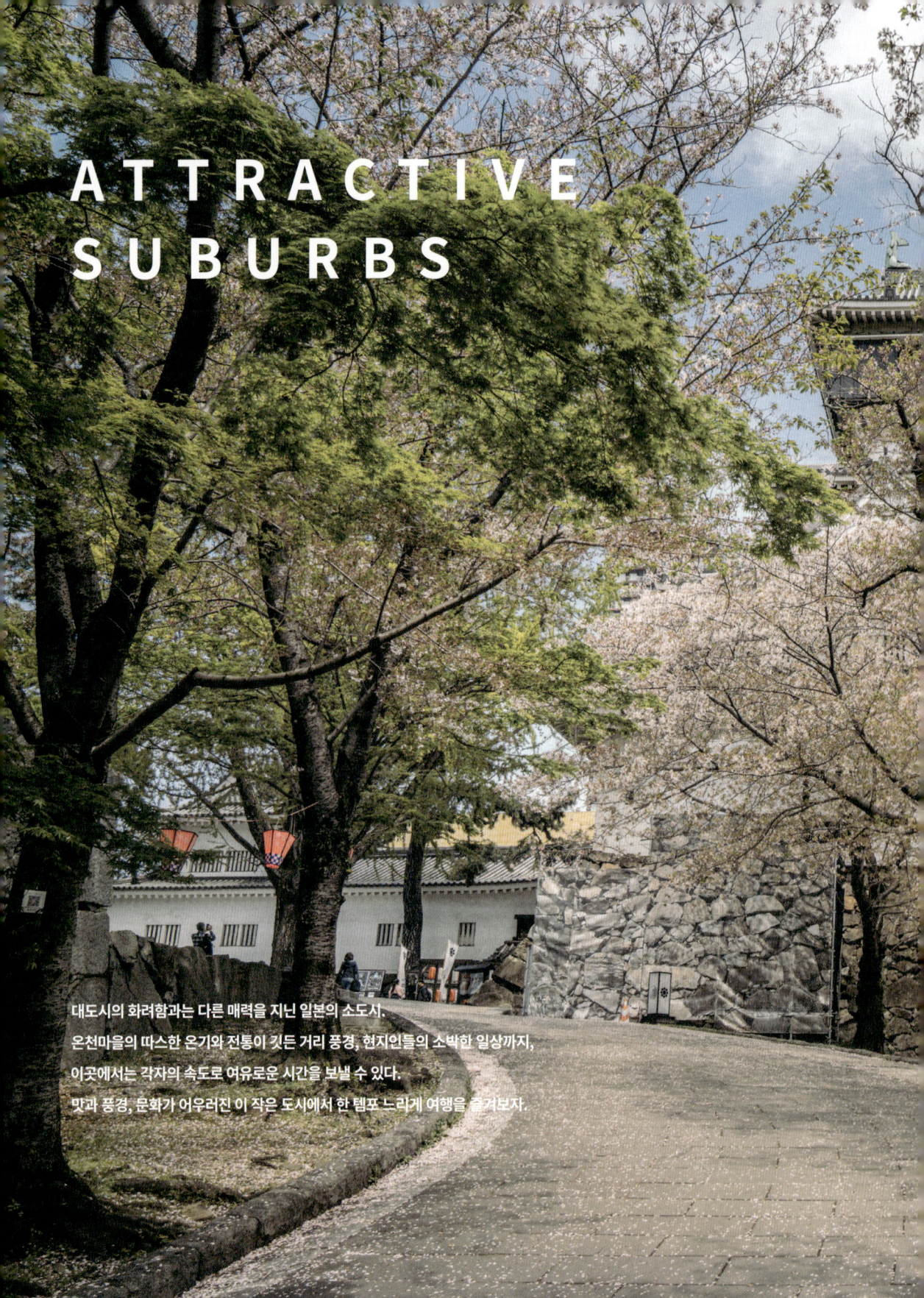

ATTRACTIVE SUBURBS

대도시의 화려함과는 다른 매력을 지닌 일본의 소도시.
온천마을의 따스한 온기와 전통이 깃든 거리 풍경, 현지인들의 소박한 일상까지,
이곳에서는 각자의 속도로 여유로운 시간을 보낼 수 있다.
맛과 풍경, 문화가 어우러진 이 작은 도시에서 한 템포 느리게 여행을 즐겨보자.

01
DAZAIFU : 다자이후

02
YUFUIN : 유후인

03
BEPPU : 벳푸

04
SHIMONOSEKI : 시모노세키

05
KITAKYUSHU : 기타큐슈

06
SAGA : 사가

1 DAZAIFU 다자이후
반나절 투어로 가볍게 즐기기 좋은 텐만구 여행

ⓒ후쿠오카현 관광연맹

유후인 가기 전에 들르는 소도시 중 하나이다. 많은 이들이 시험 합격과 학업 성취를 기원하기 위해 다자이후 텐만구 신사를 찾지만, 전통적인 일본 거리를 거닐며 일본의 역사와 문화를 온전히 느끼기 위해 방문하기도 한다.

후쿠오카에서 다자이후 가는 방법 Ⓜ 1

1. 버스
하카타 버스터미널 1층 11번 플랫폼에서 다자이후행 버스 탑승.
패스권 추천: 북큐슈산큐패스.
소요시간: 약 40분.

2. 지하철
❶ 텐진역에서 니시테쓰 오무타선을 이용해 니시테쓰 후쓰카이치역에서 하차.
❷ 1번 승차장에서 니시테츠 다자이후 선으로 환승 후 다자이후역에 도착.
패스권 추천: 투어리스트 시티패스.
소요시간: 약 30분.

ⓒ후쿠오카현 관광연맹

太宰府天満宮 다자이후 텐만구
🕒 운영시간: 06:30-19:00 💰 입장료: 무료

텐만구는 학문의 신 '스가와라노 미치자네'를 모시는 신사로, 시험 합격과 학업 성취를 기원하는 사람들이 방문하는 곳이다. 경내로 들어서면 과거, 현재, 미래를 상징하는 교각도 있는데, 이를 건널 때 넘어지거나 뒤를 돌아보면 안 된다는 속설이 있으니 조심하자. 신사 입구에 있는 황소 동상 머리를 쓰다듬으면 머리가 좋아진다는 이야기도 전해진다. 본전 '천만궁'은 일본 전통 건축 양식을 보여주는 웅장한 건축물로, 참배객들이 그 앞에서 정성을 다해 기도를 올린다. 다자이후는 매화가 아름답기로 유명해 2, 3월이면 많은 사람들이 찾는 편이다.

다자이후역에서 텐만구로 이어지는
약 200m 상점거리, 오모테산도에는
다양한 먹거리와 기념품숍이 줄지어 있다.
어디를 가야할지 고민된다면,
여기만큼은 꼭 가자!

1. 스타벅스
일본의 유명 건축가 쿠마 켄고가 설계한 다자이후 스타벅스는 세계 10대 스타벅스로도 손꼽힌다. 2,000개의 나무막대를 접착제 없이 엮어 만든 독창적인 구조이다. 전통 일본식 디자인 요소와 현대적인 감각이 조화를 이루고 있다. 포토존으로도 유명하다.

2. 우메가에모찌 상점들
'우메가에모찌'는 매화나무 가지에 꽃은 떡이란 뜻을 지닌 다자이후의 대표 특산품이다. 찹쌀 반죽에 팥소를 넣어 구운 이 떡은 겉은 바삭하고 속은 촉촉한 식감을 자랑한다. 따뜻할 때 먹어야 더 맛이 좋다. 텐만구 거리에 우메가에모찌를 맛볼 수 있는 전통 상점들이 여럿 자리하고 있으니 한 번쯤 들러, 맛보길 추천한다.

긴린코 호수

후쿠오카에서 유후인 가는 방법 Ⓜ 1

1. 버스
하카타 버스터미널 33번 게이트에서 유후인 버스 탑승.
패스권 추천: 북큐슈산큐패스.
소요시간: 약 2시간 20분.

Tip.
- 산큐패스권을 구매하더라도 유후인으로 가는 여행객이 많은만큼 티켓이 매진될 수 있으니 하이웨이 버스 홈페이지에서 버스를 예매하는 걸 추천한다. 2일권을 예약하면 합리적으로 탑승할 수 있다.
www.highwaybus.com
- 후쿠오카 공항 국제선에서 유후인 직통 버스(3번 버스승강장)로 바로 유후인에 갈 수 있다. 다만, 도착 시간과 버스 시간을 타이트하게 예약하면 못 탈 수도 있으니 넉넉하게 예약하는 걸 추천한다.

2. 기차
❶ 하카타역에서 유후인역 JR 유휴 특급/유후인 노모리/급행열차 탑승.
패스권 추천: 북큐슈레일패스.
소요시간: 약 2시간 20분.

Tip.
- 유후인노모리와 직통 기차가 있는데 규슈에서 운영하는 특별 관광열차 유후인노모리가 특히 인기가 많다. 자연을 테마로 한 인테리어와 편안한 좌석 덕분에 쾌적하게 이동할 수 있다.
- 예약할 때 사용한 신용카드(*필수)와 예약번호가 필요하다.
train.yoyaku.jrkyushu.co.jp

❷ 유후인에서 후쿠오카 가는 방법
편하게 앉아서 오고 싶다면 기차 역시 사전 예약 하는 게 좋다. 인터넷으로 예약 및 결제 후 유후인역 기차 발권기에서 발권해야 한다. 예약할 때 사용한 신용카드(*필수)를 챙기고 전화번호 마지막 4자리를 입력하면 실물 티켓을 출력할 수 있다. 기차 타기 직전에는 사람이 붐빌 수 있으니 미리 발권을 해두는 게 좋다. 현장 구매도 가능하다.

Tip.
¥200을 내면 유후인 족욕이 가능하며 발 닦는 수건도 제공된다. 하카타역으로 가는 기차를 기다리는 동안 이용하기 좋다.

 YUFUIN 유후인
유후인 하루 여행 완벽 정복!

산골마을 고즈넉한 분위기 속에서 온천을 즐길 수 있는 온천마을로, 일본에서 두 번째로 많은 온천량을 자랑한다. 웅장한 유후다케산을 배경으로 예스러운 유노츠보 거리를 거닐고 긴린코 호수에서 신비로운 물안개를 보며 한적한 여행을 즐길 수 있다. 아래에 소개되지 않았지만 규슈 자동차 역사관, 미술관, 유리 소품숍 등 볼거리가 많은 편이다.

Tip. 짐보관
유후인역 앞 버스터미널에서 코인락커를 이용하거나 유후인관광정보센터에서 캐리어 보관을 할 수 있다. 짐을 료칸까지 보내주는 치키서비스도 이용 가능하다.

a. 金鱗湖 긴린코 호수
아침 물안개와 노을이 아름다워 새벽부터 많은 사람이 찾는 호수다. 호수 옆에 자리한 카페 라 루슈에서 통창 너머로 펼쳐진 풍경을 바라보며 여유로운 시간을 보낼 수 있다. 초록빛 나무들 사이로 잔잔하게 펼쳐진 호수가 평화로운 분위기를 자아낸다. 잘 조성된 산책로를 따라 걸으며 호수를 감상하기에도 좋다.

Tip. 단풍명소
10월 중순~11월 중순 단풍 시기에 맞춰서 여행하면 호수 주위로 붉은색, 주황색으로 물든 단풍명소로 바뀐다.

b. 天祖神社 텐소신사

긴린코 호수 한쪽에 세워진 도리이 쪽으로 가면 작은 신사가 모습을 드러낸다. 500년이 넘은 나무들이 둘러싸고 있어 세월의 흔적이 고스란히 느껴지는 곳이다. 이곳에서는 긴린코 호수의 신비로운 풍경을 좀 더 한적하고 여유롭게 감상할 수 있다.

가볍게 둘러볼만한 상점들

젓가락 기념품 상점
종류별로 수백가지의 젓가락을 구매할 수 있는 상점! 각인 가능.

도토리의 숲 유후인점
다양한 지브리 스튜디오 작품 굿즈를 구매할 수 있는 상점.

유리의 숲
1층은 유리 공예, 2층은 다양한 오르골을 구매할 수 있는 이색 기념품숍.

---

c. 湯の坪街道 유노츠보 거리

일본의 옛 정취가 그대로 남아있는 곳으로, 유후인 특산품과 기념품을 둘러보기 좋다. 곳곳에 간식 판매점과 식당이 있어 구경하다 보면 거리에서만 2~3시간을 보내기 쉽다. 탁 트인 유후다케산 전경이 유후인의 운치를 한층 더해준다.

텐소신사

Tip. 마을 돌아보기
유후인에서 긴린코 호수까지 택시비 약 6-7천 원.
도보 1.5km로 약 25분 소요되며 기념품 구경까지
하다 보면 넉넉 2-3시간을 잡고 이동하는 걸 추천한다.
관광마차 츠지마차(말 마차)를 타고 유후인 시내를
한바퀴 돌 수 있다. 유후인역 관광안내소에서 예약하고
시간 맞춰 유후인역 앞으로 모이면 된다.
(약 1시간 투어 어른 ¥2,200, 어린이 ¥1,650,
11:30, 13:00, 14:30)

유노츠보 거리

由布院ミルヒ 미르히
디저트 맛집 중 하나로 치즈케이크와 푸딩이 인기가 많다. (현금 결제)

nico ドーナツ 湯布院本店 니코도넛
유후인산 콩 페이스트, 16가지 잡곡을 배합한 파우더, 규슈산 밀가루 등 좋은 재료를 엄선하여 빚은 도넛 맛집이다. 콩으로 만들어서 담백하다.

> **Tip. 화장실**
> 화장실은 유료이지만, 구매 영수증이 있다면 무료로 이용 가능하다.

d. 湯布院フローラルビレッジ 유후인 플로럴 빌리지
영국 코츠월드 마을을 재현한 테마파크로 작은 동화마을에 방문한 기분이 든다. 해리포터가 생각나기도 하는데, 이는 코츠월드 지역이 해리포터 영화 배경이 되었기 때문이다. 입장료는 따로 없지만 부엉이카페, 고양이카페 등은 별도 입장료가 있다. 작은 동물원도 볼 수 있으며 동물 먹이는 무인으로 ¥100에 판매한다.

湯布院金賞コロッケ 금상고로케
제1회 전국 고로케 콩쿠르에서 금상을 수상한 매장이다. 플로럴 빌리지 쪽에 본점으로 자리하고 있으며 기본(금상고로케), 치즈, 카레 등 다양한 고로케를 맛볼 수 있다. 갓 튀겨 바삭하고 속은 촉촉하며 후추가 느끼함을 잡아줘서 맛이 좋다. (현금 결제)

海地獄 우미지고쿠(바다지옥)

3 BEPPU 벳푸
지옥 온천 순례하고 지옥찜으로 마무리

일본에서 가장 많은 온천수가 나오는 도시이다. 몽글몽글 피어오르는 신비로운 장관인 지옥순례(벳푸 8대 온천)를 즐기기 위해 많은 이들이 찾는다. 온천 증기로 찜 요리를 할 수 있으며, 다양한 방법으로 일본 특유의 온천 문화를 체험할 수 있다. 또한 벳푸를 한눈에 조망할 수 있는 벳푸타워와 자연과 조화를 이루는 온천 리조트가 많아 전통적인 일본 풍경 속에서 휴식을 만끽하기 좋다.

a. 地獄温泉巡りコース
벳푸 지옥온천순례코스(벳푸 지고쿠메구리)

벳푸 여행 필수 코스로, 각 온천이 지옥과 같은 모습으로 특이한 풍경을 자아내는 벳푸 지옥온천. 어디를 가나 코를 찌르는 유황냄새와 몽글몽글 흰 수증기와 온천의 조화가 아름다워 입을 떡 벌리게 된다. 13세기부터 형성된 온천 마을의 정취를 온전히 느끼고 싶다면?

海地獄 우미지고쿠(바다지옥)

약 1,200년 전 쓰루미산이 분화하면서 만들어진 온천이다. 입장하면 작은 연못과 온천 수증기로 찐 만두가게가 보인다. 2층 갤러리로 가면 바다지옥을 한눈에 조망할 수 있는데, 에메랄드빛 바다처럼 푸른 물 속에 뜨거운 수증기가 올라오는 모습이 장관이다. 작은 신사와 온실도 갖추고 있다.

 08:00-17:00
 바다지옥: 성인 ¥450, 중학생까지 ¥200, 통합순례관람권 성인 ¥2,200, 어린이 ¥1,000

Tip.
- 가는법: 벳푸역 서쪽 출구 가메노이 버스 2, 5, 9, 24, 41번 칸나와행 버스 탑승(약 20분 소요)
- 족탕이 있으니 수건을 챙기는 걸 추천한다.

가마도지옥(가마솥지옥)

후쿠오카에서 벳푸 가는 방법 M 1

1. 고속버스

❶ 후쿠오카 공항 국제선 터미널 2번 정류장에서 벳푸행 버스 탑승.
(또는) 하카타 버스터미널 3층 34번 정류장에서 벳푸행 버스 탑승.
패스권 추천: 북큐슈산큐패스.
소요시간: 약 2시간 35분.

❷ 벳부지옥순례로 가려면 벳부 칸나와구치, 시내로 가려면 벳부 황단보도 관광항 입구 또는 벳부 키타하마에서 하차.

2. 특급 열차

JR 하카타역에서 벳푸행 특급 소닉 탑승.
패스권 추천: JR북큐슈레일패스.
소요시간: 약 2시간 10분.

Tip.
- 탑승일 기준 한 달 전부터 탑승 3일 전까지 JR 홈페이지에서 티켓 구매 가능하다. 온라인 예약 시 할인된 금액으로 1인 ¥2,550으로 예약할 수 있다. 한국어 사이트로 조회하면 할인가 예약이 불가하니 일본어 사이트에서 회원가입하고 예약해야 한다. 현장 구매 시 편도 기준 지정석 ¥6,470, 자유석 ¥5,940이다. 온라인 예매는 5시 30분부터 23시까지만 가능하다. (크롬-한국어 변환) E-티켓, 결제한 카드, 인증번호를 반드시 가져와야 실물 티켓으로 교환할 수 있다. 만약 지정석 예약을 원할 때엔 하카타역에 있는 미도리노마도구치에서 패스를 제시한 뒤 좌석을 선정하면 된다. 고쿠라역에서 좌석 방향이 바뀌니 놀라지 말 것!
- JR큐슈레일패스를 따로 이용하지 않는 이상, 산큐패스로 왕복 버스 탑승을 추천한다.

Tip.
- 가는법: 벳푸역 서쪽 출구, 2번 승차장에서 5, 7, 41번 버스 탑승하면 된다.
- 출구쪽에 있는 족욕탕은 무료로 이용 가능하지만, 수건은 준비해야 한다.

かまど地獄 가마도지옥(가마솥지옥)

수호신 카마도 하치만쿠의 제사 때 제단에 올릴 밥을 온천에서 뿜어져 나오는 90도의 증기로 지은 것에서 유래된 이름이다. 온천 열기로 가마솥에 밥을 지었다고 하여 '가마도지옥'이라 불린다. 벳푸에는 7개의 온천이 있지만, 보통 바다지옥과 가마도지옥을 함께 둘러보는 경우가 많다. 기념품점을 지나면 가마도지옥 1번지, 2번지 등 다양한 온천 코스를 만날 수 있다. 각 코스의 온도가 다르며, 극락 1번지에서는 발찜질, 2번지에서는 마시는 온천, 3번지에서는 손과 발을 담그는 수족욕, 4번지에서는 코로 천천히 수증기를 들이마시는 온천 등 색다른 온천 체험을 즐길 수 있다. 1년에 수차례의 색깔이 변하는 가마도지옥 5번지도 놓칠 수 없다.

H 0800-1700
P 성인 ¥450, 소인 ¥350

Tip.
고기 앙금이 들어가 있는 만두로 가마도 지옥 바로 앞에 있다.

鬼山地獄 귀산지옥

보글보글 끓고 있는 투명한 온천, 귀산지옥은 뜨거운 온천 열기를 통해 악어를 사육하고 있어 실제로 악어를 볼 수 있다. 전시관에서도 악어 모형부터 관련 설명까지 잘 되어 있다. 귀산지옥에는 약 70여마리가 산다.

H 0800-1700
P 성인 ¥450, 소인 ¥200

귀산지옥

b. 地獄蒸し工房 鉄輪 지고쿠무시코보 칸나와

에도시대부터 이용되던 전통 조리법으로, 온천 증기로 쪄낸 지옥찜 요리를 먹을 수 있는 식당이다. 번호표를 뽑고 찜요리 재료를 구매한 뒤에 직원에게 전달하면 식재료를 준다. 지옥찜 가마솥에 식재료를 넣어서 찐 뒤에 타이머가 울릴 때 찜기에서 꺼내 먹으면 된다.

Ⓗ 10:00-18:00(매월 3째주 수 휴무)
Ⓟ 지옥찜솥 (소) ¥400(10분 연장 시 ¥200),
(대) ¥600(10분 연장 시 ¥300), 식재료 별도

c. 駅前高等温泉 에키마에 코토 온천

벳푸역 인근에 있는 온천으로 애니메이션에서 나올 법한 외관이 눈길을 끈다. 서양관 풍의 레트로한 녹색 지붕이 상징이다. 열탕(아츠유)과 온탕(누루유) 중에서 선택하여 입욕을 하면 된다. 숙박도 함께 운영하고 있다. 찬물을 받아서 이용하는 건 안 되니 미지근한 탕 이용을 추천한다. 온천물이 엄청 뜨겁다.

Ⓐ 13-14 Ekimaecho, Beppu, Oita
Ⓗ 06:00-24:00
Ⓟ 대인 ¥250, 소인 ¥150

> **함께 가면 좋은 온천**
>
> 竹瓦温泉 타케가와라 온천
> 1879년부터 운영되어 145년의 전통을 자랑하는 벳푸 온천 중에서도 가장 오래된 온천이다. 본 온천엔 현지인은 목욕하러 오지만, 여행객에게는 모래찜질로 유명하다.

e. 貴船城 기후네성

기후네성은 벳푸마을의 높은 곳에 자리하고 있어 벳푸 시내를 한눈에 조망할 수 있는 스폿이다. 온천의 도시답게 시내 곳곳에 연기가 뿜어져 나오는 신비스러운 광경을 감상할 수 있다. 기후네성은 뱀을 신으로 모시고 있는 성이다. 백사를 만지고 아픈 곳을 만지면 낫는다는 말이 전해지기도 했다. 지옥온천 인근에 있는 스폿이라 온천에 가기 전에 잠깐 들리기 좋다.

Ⓐ 926 Kannawa, Beppu, Oita
Ⓗ 0800-1700
Ⓟ 대인 ¥300, 소인 ¥150

d. 別府タワー 벳푸타워

360도 벳푸 시내를 파노라마 전망으로 한눈에 조망할 수 있는 명소이다. 도쿄타워를 만든 디자이너, 나이토 타츄가 설계한 타워이다. 물론 낮에도 아름답지만, 저녁엔 야경까지 볼 수 있어서 저녁에 찾는 사람들이 많다. 전망대는 17층에 있으며 그 아래 층에는 식당, 카페, 비어가든 테라스, 아트뮤지엄 등 먹고 즐길 거리도 많다. 입장료는 1층에 있는 자판기에서 구매 가능하며 2층 아트뮤지엄과 패키지로도 구매 가능하다. 2007년에 유형문화재로 등록되었다.

Ⓗ 0930-2100
Ⓟ 전망대 어른 ¥800, 중·고등학생 ¥600, 4세~초등학생 ¥400

f. べっぷ駅市場 벳푸역 시장

벳푸역에서 5분 정도 걸으면 작은 시장이 나온다. 현지인들이 식재료를 구매하는 역전시장으로 튀김, 초밥, 해산물뿐만 아니라 꽃, 약국 등 다양한 상점이 있다.

Ⓗ 0900-1800

Tip.
벳푸를 온천 관광도시로 만드는데 기여한 벳푸역 마스코트 '아부라야 쿠마하치'도 놓치면 섭섭하다. 동상 옆에 작은 온천수가 있어서 손을 가볍게 담글 수 있다.

4 SHIMONOSEKI 시모노세키
여객의 왕래, 부관훼리 타고 도시 한 바퀴

부산항국제여객터미널과 일본 시모노세키항 국제터미널을 잇는 부관훼리가 운항하는 항구도시이다. 시모노세키에 도착하면 복어 동상, 맨홀이 가장 많이 보인다. 실제로 일본에서 생산되는 복어의 80%가 가라토 시장을 거쳐 유통된다는 말이 있을 만큼 복어로 유명하다. 기타큐슈(고쿠라, 모지코)에서 대중교통으로 20분이 소요되어 코스로 묶어서 함께 여행하기 좋다.

후쿠오카에서 시모노세키 가는 방법  M 1
1. 고속버스
❶ 하카타 버스터미널 3층 31번 승강장에서탑승. (또는) 텐진버스터미널 3층 1번 승강장에서 탑승.
❷ 시모노세키역 남 A승강장에서 하차.
패스권 추천: 북큐슈산큐패스.
소요 시간: 약 1시간 40분 소요.

기타큐슈에서 시모노세키 가는 방법
1. 고쿠라역 – 시모노세키 지하철
❶ 고쿠라역, 분홍색 티켓 발매기에서 시모노세키 티켓 발권.
❷ 3번 플랫폼에서 탑승.
요금: 편도 ¥280.
소요시간: 약15분.

2. 모지코 – 시모노세키 페리
❶ 칸몬 연락선 모지항 승선장에서 시모노세키 페리 티켓 발권 후 탑승.
Tip.
매표소랑 배타는 곳이 이어져 있으니 대합실에서 대기하다 페리 출발 3분 전에 나와서 탑승하면 된다. 자유석이라 편한 자리에 앉으면 끝!

3. 모지코 – 시모노세키 간몬해저터널
간몬해협을 도보로 건널 수 있는 해저터널이다. 전체 길이는 3.5km이지만 도보용은 780m로 약 15-20분이 소요된다. 관광객보다는 운동 삼아 걷는 현지인이 많이 이용하는 편이다.
요금: 보행자무료 / 자전거, 오토바이를 가져갈 땐 ¥20.

a. 唐戸市場 가라토시장
'간몬의 부엌'이라 불리는 가라토 시장은 1933년에 세워진 어시장이다. 태평양, 동해 등에서 잡히는 다양한 수산물과 어부가 직접 키운 물고기를 판매한다. 그 중에서도 복어로 유명하다. 평일엔 도소매 시장이 메인이지만, 금토일 3일 동안은 중앙 통로에 펼쳐진 스시 포장마차가 메인이다. 장어초밥, 연어초밥 등 다양한 초밥도 있지만, 복어초밥, 복어튀김 등 각종 복어 요리도 맛볼 수 있어 인기가 많다. 스시는 한 개당 ¥200-300 정도로 가성비가 좋다. 내부엔 식사 공간이 없으니 공원에 자리 잡고 바다를 보며 식사하면 된다. 분위기까지 완벽하다.

Ⓗ 가라토 시장: 월토 0500-1500, 알공휴일 0800-1500
가라토 초밥 스시 시장: 금토 1000-1500, 알공휴일 0800-1500

Tip. 카노코쿠 cha-no-koku
스시 먹은 뒤 후식으로 먹기 좋은 꾸덕꾸덕한 말차 아이스크림. 말차의 쌉싸름한 맛이 일품!

b. Old Shimonoseki British Consulate Restaurant Liz
구 시모노세키 영국 영사관 카페 리즈
1906년에 건립된 이곳은 1941년 영사관 철수 후 그대로 보존된 건물이다. 옛 유럽 건축물 분위기를 그대로 간직하고 있으며, 일본 내 현존하는 가장 오래된 영사관으로 1993년에 일본 국가중요문화재로 지정되었다. 현재는 전시관과 카페로 운영 중이다. 카페는 피터 레빗 캐릭터와 영국 감성으로 꾸며져 있으며 정갈하게 나오는 애프터눈 티가 특히 인기가 많다. 직접 만든 스콘도 맛있으니 티와 함께 즐겨보자.

Ⓗ 0900-1700(매주 화 휴무), 애프터눈 티 세트 1130-1600
Ⓟ 입장료 무료

c. 亀山八幡宮 카메야마 하치만구

가라토 시장 맞은편에 있는 작은 신사로 시모노세키 바다와 가라토 시장을 내려다보기 좋다. '카메야마'가 거북이 뜻을 지녀 거북이 신사라고도 불리는데, 실제로 신사 안에 거북이가 많으니 놓치지 말자. 일본 최대 규모의 화강암 도리이, 세계 최대 규모의 복어 동상 등 작지만 볼거리가 있는 한적한 신사이다.

Ⓗ 운영시간: 06:00-19:00 Ⓟ 입장료: 무료

Tip.
화강암 도리이에서 뫼 산(山)에 흰 색 물체가 보이는데, 이는 1933년부터 있었던 야구공이다.

Tip.
가라토시장과 가까워서 동선 짜기 좋다.

d. 赤間神宮 아카마신궁

겐페이 전쟁에서 패배한 후, 당시 8살의 안토쿠 천황이 바다로 몸을 던져 생을 마감한 것을 기리며 세워진 신사이다. 멀리서도 붉은색 지붕과 지붕을 받치고 있는 흰색 지지대가 눈길을 사로잡는다. 이는 안토쿠 천황이 죽어 용궁으로 들어간 것을 상징한다. 신사에는 일본 특유 석탑인 볼비석과 안토쿠 천황 당시의 유물과 그림이 전시되어 있다. 전설 속 인물인 '비파를 든 귀 없는 호이치' 전각도 놓치지 말자.

Ⓗ 09:00-17:00 Ⓟ 입장료: 무료

관람 check
염라대왕이 비파 연주를 즐기기 위해 호이치를 초대했지만, 주지 스님은 호이치가 저승사자에게 잡혀가지 않도록 그의 몸에 불경을 적어주었다. 그러나 실수로 귀에는 적지 않아 저승사자들이 귀만 발견하고 잘라갔다고 전해진다. 이 전설이 깃든 전각에서는 일본의 독특한 문화와 신비로움을 느낄 수 있다.

e. 市立しものせき水族館 海響館 카이쿄칸

총 3층으로 이루어진 테마형 아쿠아리움으로 돌고래와 바다사자쇼를 볼 수 있어 인기가 많다. 마치 바닷속을 그대로 옮겨 놓은 듯 복어, 정어리 떼 등 다양한 어종을 만날 수 있으며 특히 작은 터널을 지나갈 땐 스쿠버다이빙 하는 기분마저 든다. 불가사리를 만져볼 수 체험 공간, 진주 채취 프로그램도 있다. 귀여운 펭귄은 안 보면 섭섭하다. 입구에서 돌고래쇼와 각종 프로그램 시간을 확인 후 이동하면 좀 더 알차게 둘러볼 수 있다.
사전 예약이 필요하지만 주말 12시20분, 14시 20분 3팀(1회 2인)만 추가 비용 없이 돌고래 터치 프로그램을 이용할 수 있다.

Ⓟ 대인 ¥2,090, 초중학생 ¥940, 소인 ¥410, 코인라커 ¥100

f. オーヴィジョン海峡ゆめタワー 카이쿄유메타워

1996년에 생긴 타워로 153m 일본 서부쪽에서 가장 높은 타워이다. 간몬 해협을 포함한 시모노세키 시내를 360도 파노라마 전망으로 볼 수 있다. 시모노세키항에서 도보 10분 정도 소요되니 모지코항에서 왔다면 둘러보길 추천한다.

Ⓗ 09:30-21:30(마지막 입장 21:00)
Ⓟ 입장료: 대인 ¥600, 학생 ¥300, 고령자(65세 이상) ¥300(자판기에서 구매)

Tip. 조선통신사 상륙지
신호등만 건너면 조선통신사가 부산을 거쳐 시모노세키에 상륙한 것을 기념하는 장소인 '조선통신사 상륙지'를 볼 수 있다.

5 KITAKYUSHU 기타큐슈
시간이 머문 항구 도시, 기타큐슈

모지코 레트로 카페에서 차를 즐기는 노부부, 고쿠라성 아래에서 벚꽃을 만끽하는 연인들. 기타큐슈 곳곳에는 여유로운 순간들이 스며들어 있다. 도심 속 아기자기한 풍경과 가성비 좋은 호텔도 여행객에게 큰 매력으로 자리잡는다. 맛집 웨이팅이 적어서 여유롭게 현지 음식을 즐길 수 있으니 저마다의 속도로 천천히 도시를 거닐며 기타큐슈의 매력을 온전히 느껴보자.

こくら 고쿠라

은하철도999, 하록 선장 등 애니메이션 작가 마츠모토 레이지가 자란 곳이다. 지역 랜드마크로 고쿠라성, 백화점, 쇼핑몰뿐만 아니라 일본 전통 음식을 맛볼 수 있는 탄가시장이 있어 역사와 현대의 조화가 이루는 도시라고 할 수 있다.

a. 小倉城 고쿠라성

일본에서 3번째로 큰 천수각을 자랑하는 성으로, 기타큐슈 필수 코스 중 하나이다. 1602년 세키가하라 전투의 공로를 인정받아 축성되었으며, 규슈에서 혼슈로 통하는 관문 역할을 했다. 13세기 중반에 처음 축성된 옛 성터 위에 세워졌으며, 봄에는 벚꽃, 가을에는 단풍 명소로 유명하다. 성내 전망대에서 시내 전경을 한눈에 담을 수 있으며, 에도 시대 다이묘 저택을 복원한 정원에서는 일본 전통 가옥 구조를 감상하며 전통차를 시음할 수도 있다. 고쿠라성 바로 옆 도리이를 지나면 야사카 신사가 자리하고 있으니, 고즈넉한 분위기 속에서 잠시 마음을 가다듬어 보자.

Ⓗ 4월~10월 09:00-20:00, 11월~3월 09:00-19:00
Ⓟ 입장료 성인 ¥350, 중학생 ¥200, 초등학생 ¥100

후쿠오카에서 기타큐슈 가는 방법 Ⓜ 1

1. 산요 신칸센
하카타역에서 고쿠라역으로 이동.
소요시간: 후쿠오카에서 고쿠라까지 약 15분, 고쿠라에서 모지코까지 약 15분.

Tip.
북큐슈레일패스 사용이 불가하다.

2. 소닉 특급
하카타역 3번 플랫폼에서 기타큐슈 소닉 열차 탑승.
패스권 추천: 큐슈와이드패스권
소요시간: 약 45분

3. 고속버스
텐진버스터미널 2번 승차장에서 기타큐슈행 탑승.
패스권 추천: 북큐슈산큐패스
소요시간: 약 1시간 30분

Tip. 시모노세키에서 모지코 가는 배도 산큐 패스로 이용 가능하다.

Tip.
고쿠라성 정원, 세이초기념관을 모두 둘러보고 싶다면 ¥700 입장료가 있다.

고쿠라성 정원

고쿠라성 정원

고쿠라성 정원

b. 八坂神社 야사카 신사

사자머리 신사로 유명한 야사카 신사는 교토사람들에게 '기온상'이라는 별명으로 불릴 정도로 친숙한 신사이다. 신사 내부가 넓진 않아도 곳곳에 나무가 심어져 있고 운세를 묶어놓은 밧줄, 작은 사자상, 오마쿠지 뽑는 곳 등 볼거리가 많아 가볍게 둘러보기 좋다. 야경으로도 유명하다. 시간이 된다면 내부에 있는 마루야마 공원도 쏙 둘러보는 걸 추천한다.

Ⓗ 24시간 Ⓟ 입장료: 무료

Tip.
리버워크에서 고쿠라역 가는 방향 바닥에 일본 애니메이션이 그려진 맨홀 뚜껑이 많다.

c. リバーウォーク北九州 리버워크 기타큐슈

2003년에 오픈하여 기타큐슈 랜드마크가 된 대형복합쇼핑센터로 의류, 가구, 스포츠, 100엔숍 등 다양한 제품을 판매한다. 식당, 카페, 영화관도 있어 데이트 장소로도 많이 찾는다. 리버워크 5층에 루프가든 옥상 전망대가 있다.

Ⓗ 10:00-20:00

d. 旦過市場 탄가시장

고쿠라의 부엌이라 불리는 일본 로컬 시장이다. 고쿠라역에서 은하철도999 모노레일을 탑승하면 탄가시장에 내릴 수 있다.(대인 ¥100, 소인 ¥50) 좁은 골목길이지만 현지인과 여행객 모두에게 인기가 많아 언제나 사람들로 붐빈다. 어묵, 스시, 당고, 모찌 등 다양한 간식이 있으며 일본 전통주도 구매할 수 있다. 합리적인 가격으로 전통 음식과 간식을 맛보고 싶다면 추천한다.

Ⓗ 10:00-17:00(매장에 따라 다름/일, 공휴일, 2째주·4째주 수 휴무)
Ⓤ tangaichiba.jp

리버워크 기타큐슈

모지코 거리

모지코 레트로

레트로한 기차역과 유럽풍 목조 건물들이 돋보이는
이곳은, 일본에 처음으로 바나나가 수입되며
이름을 알린 곳이기도 하다.
마치 과거 여행을 한 듯한 기분!
그럼 이제, 시간여행을 떠나볼까?

門司港 모지코

기타큐슈시에 위치한 항구 도시로, 과거 무역이 활발했던 지역이다. 일본 최초로 바나나를 수입한 항구로도 유명하다. 역사적 가치와 독특한 건축 양식의 조화를 이루어 도시 전체가 하나의 예술 작품처럼 느껴진다. 거리를 거닐면 마치 옛 시대로 돌아간 듯한 착각을 불러일으킨다.

a. 門司港駅 모지코역
1914년 개업하여 현재도 운행하고 있는 JR규슈철도의 기점역이다. 르네상스식 목조 2층 건물로 좌우대칭 구조가 특징이며, 중요문화재로 지정되었다. 역에서 내리면 100년 전의 일본을 볼 수 있으며 옛 모습을 그대로 재현한 레트로한 분위기 속에서 사진을 남기기 좋다.

b. 旧 大阪商船 구오사카상선
1917년에 건축한 오사카 상선의 모지 지점으로, 붉은 벽돌과 흰색 돌띠가 인상적이다. 과거 여객선 출항을 기다리는 사람들이 잠시 머물렀던 곳이자, 중국, 한국, 인도 등이 출항하는 국제 항구 터미널이었다. 지금은 문화복합공간으로 리모델링하여 1층 갤러리와 카페, 2층은 전시관으로 운영되고 있다.

Ⓗ 09:00-17:00
Ⓟ 1층 입장료: 무료

Tip.
1층에 스타벅스가 있다.

모지코 레트로

앵커1889

Tip.
모지코에 왔다면 바나나
디저트는 꼭 맛봐야 한다!
모지코항을 바라보며 즐기는
달콤한 아이스크림은
당 충전으로 딱!

c. バナナマン像 바나나맨 동상
일본 최초로 타이완 바나나가 수입된 역사를 상징하여 만든 동상이다.
우스꽝스러운 모습을 하고 있는 바나나맨 동상은 모지코 대표 포토존이다.
인근에 바나나 기념품 가게도 많다.

d. ブルーウィングもじ 블루윙모지
108m에 이르는 보행자 전용이자, 연인의 성지라고 불리는 푸른색 도개교이다.
배가 지나는 시간에 맞춰 하루 6회 음악과 함께 다리가 하늘 위로 올라간다.
Ⓗ 개폐시간표 1000-1020 / 1100-1120 / 1300-1320 / 1400-1420 /
1500-1520 / 1600-1620

f. アンカー1889 앵커1889
유럽을 연상시키는 건축물로, 모지코 레트로의 도개교를 보며
식사할 수 있는 곳이다. 모지항의 명물인 야키카레뿐만 아니라,
바닐라 아이스크림도 인기 있는 디저트로 많은 이들이 찾는다.
Ⓗ 11:00-17:00   Ⓟ 대표메뉴: 야키카레, 노코리챠바닐라 아이스크림

g. ノーフォーク広場 노퍽광장
기타큐슈시 자매도시인 미국
버지니아주 노퍽(Norfolk)시의
이름을 딴 이국적인 분위기의
광장이다. 눈앞에 간몬해협이
펼쳐져 간몬교와 다양한
배들이 오가는 광경을
가까이서 볼 수 있다. 모지코
야경 명소로 유명하다.

바나나맨 동상

블루윙모지

Tip. 간몬교(칸몬교)
노퍽광장 우측 통로길로 들어가면 간몬교와
가까워진다. 해안가 따라 산책하기 좋으며
밤에 조명을 밝히는 간몬교 아래에서 인생샷을
남기기도 좋다.

e. 門司港レトロ展望室 모지코 레트로 전망대
일본 대표 건축가 구로카와 기쇼가 설계한 지상 103m 높이, 아파트 꼭대기
31층에 위치한 전망대이다. 모지코 레트로, 간몬교 등 모지코 시내를 한눈에 볼
수 있으며 특히 석양 풍경과 밤의 야경이 아름답다.
Ⓗ 10:00-22:00
Ⓟ 입장료: 성인 ¥300, 초중고생 ¥150

 SAGA 사가
한적하고 평온한 분위기가
매력적인 소도시

끝없이 펼쳐진 논밭과 소박한 풍경이 어우러져 마음의 여유가 절로 생긴다. 화려하지 않아도 소소한 즐거움이 곳곳에 숨어 있어 느긋한 여행이 가능하다. 전통이 살아 있는 도예 마을, 현지 특산물 요리, 오직 사가에서만 할 수 있는 체험까지. 사가는 조용하지만 깊은 인상을 남기는 곳이다.

후쿠오카에서 사가 가는 방법 Ⓜ 1

1. JR특급 열차
하카타역 4번 플랫폼에서 하우스텐보스 특급 열차 탑승.
패스권 추천: JR큐슈레일패스.
소요시간: 약 45분.

2. 고속버스
텐진버스터미널 4번 승강장에서 사가버스터미널 직행 버스 탑승.
패스권 추천: 북큐슈산큐패스.
소요시간: 약1시간30분.
Tip: 하카타직행버스없음.

3 후쿠오카 공항에서 사가버스터미널
후쿠오카 공항 국제선 3번 정류소에서 버스 탑승.
패스권 추천: 북큐슈산큐패스.
(인포메이션 센터 옆 자판기에서 버스 티켓 구매.)
소요시간: 약 1시간 40분.

a. 佐賀県庁 展望ホール(SAGA360) 사가현청 360 전망대

사가현청 안에 있는 사가 시내를 한눈에 내려다볼 수 있는 전망대이다. 높은 건물이 많지 않고 푸른 나무들이 곳곳에 있어서 답답함 없이 시내를 볼 수 있다. 의자가 놓여 있어서 자리에 앉아 트인 풍경을 보기도 좋다. 사가성을 둘러싼 해자, 사가신사, NHK방송국, 사가현립미술관 등 평화로운 도시 경관을 만끽할 수 있다. 일몰 후 야경 보러 오는 사람들이 많다. 1층뿐만 아니라 전망대에도 지역 특산품, 아리타 도자기가 있으며 식당도 운영한다.

Ⓗ 평일 08:30-22:00, 토 10:00-22:00, 일 10:00-21:00 Ⓟ 입장료: 무료, 주차: 무료

시실리안 라이스
밥 위에 야채, 고기, 계란, 화룡점정 마요네즈가 가미된 맛으로 규슈 지방에서만 맛볼 수 있는 지역 음식이다. 사가현청 13층에 시노 레스토랑에서 '사가의 음식, 시실리안라이스'를 맛볼 수 있다.

b. 佐賀城跡 사가성터

일본 내 100대 명성 중 하나, 국가 중요 문화재가 있는 성터이다. 동서 126m, 남북 122m의 넓이에 5층의 천수각이 있고, 주위를 폭 80m에 이르는 해자가 둘러싸고 있다. 성내를 엿볼 수 없도록 주변에 나무들이 심어져 있다. 1726년 화재로 주요 시설들이 모두 소실되었고, 그중 '혼마루 저택'만을 복원해 현재 '사가 성 혼마루 역사관'으로 새롭게 단장했다. 전통 건축 양식뿐만 아니라 역사관에서 역사 자료를 살펴볼 수 있다. 성터 안으로 들어가기 전에 신발을 벗고 사물함에 넣으면 된다(무료). 한국어 지원 오디오와 한국어 팜플렛도 있다. 수령 300년이 넘은 오쿠스(大楠/수령이 오래된 나무)가 줄지어 있는데, 이것들은 모두 국가 천연기념물로 지정되어 있다.

ⓗ 0930-1800
ⓟ 입장료: 무료

c. 佐賀県立美術館・佐賀県立博物館 사가현립미술관

1983년 사가현립 100주년 기념으로 설립된 이 미술관은 사가현의 근현대 그림, 조각, 공예품 등을 수집하고 조사하며 연구 및 전시를 진행한다. 1층에는 안내데스크, 2층에는 사가현의 자연사, 3층에는 역사, 미술, 공예 전시가 마련되어 있다. 상설 전시는 무료이며, 기획전시는 유료로 진행된다.

ⓗ 0930-1800(월 휴무)
ⓟ 입장료: 무료

> **Tip.**
> 사가 현청 전망대, 사가성터, 혼마루 역사관, 사가현립미술관은 도보 10분 내 위치하고 있어서 사가 시내투어하기 좋다.

d. 島義勇 銅像 시마요시타케동상

홋카이도 개척의 아버지, 메이지시대 사가현의 발전에 공헌한 '사가 7현인' 중 한 사람이다. 사가성터 해자 주변으로 산책하기 좋다.

ⓗ 24시간

e. 佐賀神社 사가신사

일본 전통신사로 사가번 10, 11대 번주를 제신으로 모시고 있는 전통 신사이다. 신사 입구엔 볏짚으로 장식이 되어 있는데 이는 좋은 운을 받으라는 의미를 담고 있다. 신사 내부에는 사가현을 지키던 대포와 사가신사의 상징인 신몬 문양, 자신의 소망을 빌며 소지품을 넣는 사이센바코 등이 있어 독특한 매력을 자아낸다. 또한 에비스신을 모신 사당을 포함한 7개의 사당이 자리한다. 원래 어업의 신이었지만 농부들의 풍년과 번영을 기원하며 농업과 상업의 신으로도 알려져 있다. 600년이 넘은 나무 그늘 아래, 돌다리 산책로에서 평화로운 시간을 보내기 좋다. 사가신사 옆에 마쯔바라신사는 정월 첫 참배 때 7개의 절을 돌며 소원을 비는 참배객으로 붐빈다.

ⓗ 0600-1800
ⓟ 입장료: 무료

f. 佐賀城公園「こころざしのもり」
사가현립도서관과 고고로자시노 모리

1913년 나베시마 가문에 의해 설립된 이 도서관은 놀이터처럼 편안한 분위기를 자아낸다. 사가현립도서관 1층 남쪽에는 공원이 있어 산책하기 좋다. 도서관 카페에서 음료를 테이크아웃해 여유롭게 책을 읽는 사람들도 많다. 미끄럼틀과 분수대, 녹색 잔디가 펼쳐져 있어 피크닉 명소로도 인기 있는 곳이다.

g. Sagamado 사가마도

여행객의 편의와 서비스를 제공하는 사가 여행 라운지로 사가역 도보 1분 거리에 있다. 여행하다가 휴식이 필요할 때 쉴 수도 있으며 다양한 여행지 정보를 얻을 수 있는 것뿐만 아니라 사가 기념품 및 각종 관광 티켓도 구매할 수 있다. 스마트폰 충전, 수하물 보관 서비스, 관광 컨시어지 안내도 받을 수 있으니 본격적으로 여행을 시작하기 전에 잠깐 둘러보는 걸 추천한다.

h. 佐賀バルーンミュージアム 사가 벌룬 뮤지엄

사가에서만 볼 수 있는 열기구 상설 박물관은 1969년 일본 최초로 유인 비행에 성공한 열기구, 이카로스 5호의 실물이 전시되어 있다. 박물관에서는 최초 비행부터 현대 열기구까지의 발전 과정을 살펴볼 수 있으며, 비행기, 열기구, 우주선의 크기를 비교할 수 있어 아이들과 함께 방문하기 좋다. 매년 10월 말부터 11월 초까지는 국제 열기구 축제가 열리며, 세계적인 열기구 선수들이 참가해 100개가 넘는 열기구가 하늘을 수놓는 장관을 감상할 수 있다. 또한, 벌룬 뮤지엄에서는 열기구 조종 체험이 가능하며, 열기구 이륙을 게임 형식으로 간접 체험할 수 있어 더욱 즐거운 경험을 제공한다.

Ⓗ 10:00-17:00 (월 휴무)
Ⓟ 성인 ¥700, 초·중·고등학생 ¥200, 초등학생 이하 무료

사가마도

사가 벌룬 뮤지엄

i. 旧古賀銀行 구 고가 은행

1906년에 건축된 구 고가은행 건물이며 현재는 사가시역사민속관으로 활용되고 있다. 메이지 시대 상업시설 모습을 그대로 보유하고 있으며 일본 근대건축 역사를 보여주는 중요 문화재로 평가받고 있다.

Ⓗ 09:00-17:00(월 휴무) Ⓟ 입장료: 무료

j. ゆめタウン佐賀 유메타운

1-2층 규모인 복합쇼핑몰로 사가현에서 가장 큰 쇼핑몰이다. 없는 거 빼고 다 있다. 유니클로, GU, 무인양품, 칼디팜, 로프트 등 로컬 브랜드와 편집숍이 많아 부담 없이 쇼핑을 즐기기 좋다. ¥5,000 이상 구매하면 면세가 가능하다.

Ⓗ 유메타운: 09:30-21:30, 1~2층 식당: 11:00-21:00

k. (株)村岡屋 本店 무라오카야

100년 이상의 전통을 자랑하는 일본 과자점으로, 규슈 명과인 '사가니시키'를 비롯해 화과자와 양갱이 유명하다. 매장 내에는 카페 공간도 마련되어 있어 차와 함께 과자를 즐길 수 있다. 사가 여행 선물을 찾는 사람들로 항상 붐비는 곳이며, 사가역에서 도보로 약 10분 정도 소요된다.

Ⓗ 09:30-18:30

사가 기념품

사가니시키

사가에 왔다면 꼭 먹어봐야 할 사가니시키. 카스테라처럼 폭신하고 부드러운 식감이 특징이다. 달지 않고 담백하다. 카라멜과 밤 맛 중 취향에 맞는 것을 선택하면 된다. 낱개로도 판매하니, 맛이 궁금하다면 하나 먼저 맛본 뒤 선물을 고르는 것도 좋은 방법이다.

오기양갱

사가의 유명한 명물 중 하나인 오기양갱은 팥, 밤(가을 한정판), 말차 등 다양한 맛이 있다. 맛 자체가 진하고 양갱 특유의 달달함이 덜해서 양갱을 선호하지 않는 사람도 부담없이 즐기기 좋다. 고급스러운 포장으로 선물용으로도 인기가 많다.

PLAN YOUR TRIP : CHECK LIST

Check List

> 일본 여행을 떠나기 전에 알면 유용한 정보만 모았다.
> 아는 내용도 한 번 더 확인하면, 여행에 큰 도움이 될지도!

Exchange

100%를 기준으로 40%는 현금으로 환전하고 60%는 트래블월렛에 환전해서 필요할 때마다 현금을 인출하거나 마스터카드로 현장 결제하는 걸 추천한다. 환율은 매일 다르기 때문에 출금 전 환율을 확인해 보고 가장 좋을 때 환전하자.

Country Code

일본 국가번호 81, 후쿠오카 지역 번호는 92. 한국으로 전화 걸 때 예) 010-123-4567의 경우 +82-10-123-4567이다. 참고로 무료 와이파이 사용이 가능한 장소에서는 카카오톡과 같은 앱을 통해 무료 통화를 할 수 있다.

ATM

환전한 현금이 부족하다면, 세븐일레븐에서 현금 자동 입출금기를 찾아보자. 비자, 마스터 등 해외에서 사용가능한 카드라면 대부분 돈을 뽑을 수 있다.

Currency

지폐는 ¥10,000, ¥5,000, ¥1,000이 있으며 동전은 ¥500, ¥100, ¥50, ¥10, ¥5, ¥1이 있다. 우리나라의 동전으로 생각하면 안 된다. ¥500이 한화로 약 5,000원이니 동전도 잘 관리하는 게 좋다.

Visa

한국 여권 소지자는 90일 이내 단순 여행 목적의 경우 비자 발급이 필요 없다.

USIM ESIM Roaming

로밍은 통신사를 통해 신청하면 현지에서 한국 번호를 편하게 사용할 수 있다. 다양한 요금제가 있으니 본인과 유용한 요금제를 사용하면 된다. 유심은 스마트폰에 있는 심카드를 교체하는 방식이다. 1일부터 30일이내 등 사용 기간이 다양하니 체류일에 맞게 구매하면 되고 인터넷도 LTE500MB, LTE 무제한 등 다양하니 데이터 사용량에 따라 선택하면 된다. 심카드를 사용하면 한국 번호가 아닌 현지 번호가 부여된다. 이심은 스마트폰에 QR코드를 심는 방식으로 심을 교체할 필요 없이 사전에 등록해 놓고 현지에서 데이터를 켜기만 하면 된다.

Time Difference

세계 표준시를 기준으로 한국과 일본의 시차는 없다.

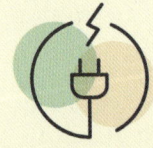

Plug

한국과 달리 110V를 사용하기 때문에 11자형 어댑터(돼지코)가 필요하다.

Greeting
아침엔 '오하이오 고자이마스', 낮에는 '곤니찌와', 저녁에는 '곰방와'가 기본 인사말이다. '아리가또 고자이마스(감사합니다)', '스미마셍(미안합니다)'도 적절하게 사용하면 된다.

Picture
기념품, 식당 등 사진 촬영이 불가한 곳도 많으니 사전에 물어보는 게 매너이다. '샤신 톳테모 이이데스까?(사진 찍어도 되나요?)'

Passage
우리나라 자동차 주행은 우측이지만 일본은 좌측이다. 보행위치도 좌측이다.

Smoking
보행 중 흡연은 금지이다. 매장 내 흡연 가능한 곳도 많다.

Taxi
택시는 자동문이니 열거나 닫지 않아도 된다.

Restroom
갑자기 화장실이 급하다면 편의점으로 달려가자. 화장실을 자유롭게 사용할 수 있도록 개방해 놓기 때문에 눈치 보지 않고 사용해도 된다.

National holiday

1월	1일	설날
1월	둘째 주 월요일	성인의 날
2월	11일	건국 기념일
2월	23일	천황탄생일
3월	20일경	춘분 (*해에 따라 바뀜)
4월	29일	쇼와의 날
5월	3일	헌법기념일
5월	4일	녹색의 날
5월	5일	어린이날
7월	셋째 주 월요일	바다의 날
8월	11일	산의 날
9월	셋째 주 월요일	경로의 날
9월	23일경	추분 (*해에 따라 바뀜)
10월	둘째 주 월요일	체육의 날
11월	3일	문화의 날
11월	23일	근로감사의 날

Recommended Apps
여행 떠나기 전, 이 어플만 설치하면 거리에서 길 잃을 걱정은 없다.

Japan Transit planner — payke — Papago

Go taxi — Uber — Kakao t

일본의 열차 카드 잔액 확인

Japan Transit planner
실시간 대중교통 정보와 경로를 확인할 수 있는 어플.

payke
제품 바코드를 스캔하면 한국어로 번역해 주는 어플.

Papago
통역, 번역 앱으로 현지인과의 의사소통을 위한 필수 어플.

Go taxi
일본에서 손쉽게 택시를 호출할 수 있는 어플.

Uber
안전하고 간편하게 차량을 호출 할 수 있는 글로벌 택시 어플.

Kakao t
한국인 여행자들에게 익숙한 택시 호출 서비스 어플.

일본의 열차 카드 잔액 확인
교통카드 잔액을 손쉽게 조회할 수 있는 필수 어플.

PLAN YOUR TRIP : SEASON CALENDAR

Season Calendar

> 벚꽃처럼 찰나의 봄을 지나, 뜨거운 여름이 시작되고 다시 쌀쌀한 겨울이 오기까지 날씨에 맞는 옷차림이 고민된다면?

평균 10~20°C

Spring 3~5

쌀쌀한 편이지만 온화한 기온이어서 여행하기 좋은 시기!
밤낮의 기온차가 있으니 얇은 니트나 가디건을 걸치는 게 좋다.

벚꽃시즌
3월 중순부터 벚꽃이 개화되기 시작하면서 곳곳에 벚꽃축제가 열린다. 가장 먼저 봄을 알리는 후쿠오카! 전 세계에서 방문하기 때문에 벚꽃 시즌에 방문하고 싶다면 항공권과 호텔은 미리 알아보자.

평균 25~35°C

Summer 6~8

뜨거운 햇볕의 시작, 체감상 한국보다 더운 날씨! 통기성 좋은 반팔 티셔츠, 반바지, 원피스를 입고 샌들이나 운동화를 신는 게 좋다.

수국꽃 시즌
6월의 후쿠오카는 솜사탕같은 수국이 시내 곳곳에 피어있다. 수국은 특히 하코자키궁, 후쿠오카 성터가 예쁘다는 소문이 자자하다. 덥고 습한 날씨가 이어지고 장마철과 태풍이 있는 시기이니 여행가기 전에 날씨 먼저 확인해 보자.

평균 15~20°C

Autumn 9~11

더위가 사라지고 선선한 날씨로 변하면서 찾아온 여행의 성수기.
저녁의 쌀쌀한 날씨를 대비하여 얇은 가디건이나 트렌치코트를 챙기는 게 좋다.

단풍 시즌
11월 말에서 12월까지 만개한 단풍을 볼 수 있다. 특히 오호리공원, 다자이후 텐만구, 유후인 등이 가을 명소로 유명하다.

평균 5~10°C

Winter 12~2

눈 오는 경우가 드물며 맑은 하늘 보며 여행하기 좋은 시기. 우리나라 늦가을, 초겨울 사이의 날씨와 비슷하다. 한국보다 덜 춥지만, 서늘한 바람이 불어오니 두꺼운 옷을 입는 게 좋다.

일루미네이션 시즌
크리스마스, 연말이 되면 밤거리를 수놓은 조명, 일루미네이션을 볼 수 있다. JR하카타 역 광장, 후쿠오카 타워 등 조명의 화려함 속에서 사진 찍기 좋다.

PLAN YOUR TRIP : FESTIVAL

Festival

> 축제, 단어만 봐도 왠지 모르게 들뜨게 되는 기분!
> 유쾌하게 즐길 수 있는 축제 라인업을 확인해 보자!

January
Toka Ebisu Festival 토오카 에비스 마츠리
에비스 신에게 한 해의 행운과 풍요를 기원하는 전통 축제이다. 하카타의 에비스 신사에서 열리며 수많은 사람들이 참여하여 부적과 장식을 구매하고 복을 빈다.

February
Setsubun 세츠분
겨울의 마지막 날의 악운을 쫓고 새봄의 행운을 맞이하는 일본 전통 행사이다. 후쿠오카의 사찰과 신사에서 콩을 던지는 마메마키가 진행되며 건강과 행복을 기원한다.

March
Fukuoka Castle Sakura Festival 후쿠오카성 벚꽃 축제
후쿠오카성 주변에 흐드러지게 핀 벚꽃을 배경으로 열리는 벚꽃축제이다. 현지 로컬인뿐만 아니라 관광객에게도 인기가 많다.

May
Hakata Dontaku Minato Festival 하카타 돈타쿠 마나토 마츠리
일본 최대의 골든 위크 축제 중 하나로 하카타 전통 의상과 음악을 즐길 수 있는 퍼레이드가 펼쳐진다. 수많은 참가자와 관객이 거리로 나와 전통 악기 연주와 춤을 즐긴다.

July
Hakata Gion Yamakasa Festival 하카타 기온 야마카사
700년의 역사를 자랑하는 후쿠오카의 대표 여름 축제이다. 거대한 야마카사(장식 수레)를 빠르게 운반하는 퍼포먼스를 볼 수 있다. 하카타 구시다 신사에서 열리며 로컬인에게 가장 중요한 행사이다.

September
Hojoya Festival 호조야
하코자키 신사에서 열리는 가을 축제로 자연과 생명을 존중하고 보호하는 전통 행사이다. 수많은 노점과 야타이가 열려 다양한 음식을 즐길 수 있다.

October
Fukuoka Oktober Fest 후쿠오카 옥토버 페스트
독일 뮌헨의 옥토버 페스트를 본따 후쿠오카에서도 매년 열리고 있다. 독일 맥주와 소시지 등 독일 음식을 즐길 수 있으니 맥주를 부딪히며 흥겨운 시간을 보내보자.

December
Christmas Illumination 크리스마스 일루미네이션
11월말부터 연말까지 텐진과 하카타 등 도심 곳곳에 화려한 크리스마스 조명이 점등되어 낭만적인 겨울 분위기를 만든다. 특히 하카타역 주변의 일루미네이션이 유명한만큼 많은 사람들이 방문한다. 크리스마스와 연말 분위기를 만끽하고 싶다면 방문해 보자.

PLAN YOUR TRIP : TRANSPORTATION

Transportation

> 대중교통이 잘 되어 있는 일본. 그럼에도 낯선 나라에서는 익숙하지 않아 길을 잃기 쉽다.
> 정확하게 목적지까지 갈 수 있도록 교통 정보와 교통 패스권을 확인해 보자!

공항

직항으로 최소 1시간 15분이 소요되며, 취항 항공사로는 티웨이항공, 진에어, 이스타항공, 일본항공, 제주항공, 대한항공 등이 있다. 주로 1박 2일이나 3박 4일 등 짧은 기간 동안 여행하는 여행객이 많기 때문에, 효율적인 시간 관리가 필요이다. 이를 위해 후쿠오카 공항에서 시내로 이동하는 방법부터 차근차근 살펴보자.

Tip.

01 입국 시간 계산
입국심사 약 15분, 위탁 수하물을 보낼 경우 약 15분이 추가로 소요 될 수 있으니 이점을 참고하여 여행을 계획하자.

02 비짓재팬웹 등록
일단, 이메일주소와 비밀번호(계정 생성)를 만든 뒤 기본 정보를 입력하자. 입국 귀국 예정등록(비행기 편명, 일본 주소), 검역 수속, 코로나 검역 관련 질문, 입국심사, 세관신고까지 입력하면 QR코드가 생기는데 이를 저장한 뒤 입국 시 보여주면 된다.

▼ 신청 링크　　▼ 자세한 신청 방법 보기

빠른 입국심사

01 짐을 최대한 간소화하여 기내수하물을 이용하고 출발 24시간 전에 모바일 탑승수속을 완료하자.

02. 인천공항 1터미널 탑승수속은 공항 혼잡도에 따라 다를 수 있지만 보통 30~50분 소요된다. 출발 시간 약 2시간 전, 휴가 시즌의 경우 2시간 30분~3시간 전에 공항 도착하는 걸 추천한다. 스마트패스 어플 등록 시 스마트패스 전용 게이트를 이용할 수 있어 빠른 출국이 가능하다.

*스마트패스: 출국 절차를 간소화하여 대기시간을 절약할 수 있는 서비스(여권 스캔, 여권전자칩스캔, 얼굴 인증)

03 미리 등록한 비짓재팬웹 QR코드 이미지를 꺼내놓자.

공항 〉 시내

공항에서 하카타/텐진 시내로

1. 하카타 직통 버스

국제선 청사 1층 입국장 내 버스 티켓 카운터에서 IC 교통카드를 구매한 뒤 4번 정류장에서 버스를 탑승하면 된다. 현금 결제도 가능하며, ¥1,000 지폐 및 동전 교환도 가능하다.
* 텐진 직통 버스는 운행하지 않는다.

요금: ¥310
소요시간: 하카타역까지 약 20분 소요.

2. 셔틀버스 탑승 후 지하철 이동

1번 버스 정류장에서 셔틀버스 타고 국내선 터미널로 이동한 후, 후쿠오카 공항선 지하철을 이용해 하카타/텐진역까지 갈 수 있다.

셔틀버스 요금: 무료
셔틀버스 소요시간: 국내선 터미널까지 약 15분 소요.(배차 6~7분 간격, 19시 이후 8~10분 간격)
지하철 요금: ¥260
지하철 소요시간: 하카타역 13분, 텐진역 18분 소요.

PLAN YOUR TRIP : TRANSPORTATION

3. 일반 택시 또는 우버 / DIDI 택시 앱 호출 후 탑승.

국제선 1층 북쪽 출구로 나온 뒤, 초록색 길 따라 걷다 보면 횡단보도가 보인다. 건너기 전 오른쪽이 일본 택시 승강장, 횡단보도 건넌 후 왼쪽에 보이는 주차장 쪽이 우버 택시 승강장이다.

요금: 하카타역까지 약 ¥1,500~¥2000, 텐진까지 약 ¥2,500~¥3000.
소요시간: 하카타역까지 약 10분, 텐진까지 약 20분 소요.

4. 렌터카 예약 후 시내 이동
(국제면허증 필수, 여권, 사전 예약)

공항 렌터카 카운터에 있는 전화로 예약번호, 이름을 말하면 한국어로 픽업 장소를 알려준다. 주로 3층, 1번 출구, 셔틀버스 대기장소가 픽업 장소이다. 5분 정도 셔틀 버스를 탑승하고 사무실에서 보험, 주유 카드 등 설명을 들은 뒤 이동하면 된다.

Tip. 국제 면허증은 여권 사진과 운전면허증을 지참하여 경찰서에 방문하면 당일 발급 가능하다.

호텔에 들르지 않고 바로 여행하고 싶다면?

1. 카고 패스

후쿠오카공항 국내선에 위치한다. 공항에서 셔틀버스 탑승 후 국내선 1번 정류장에서 하차하여 A 출입문으로 들어가서. 엘리베이터 타고 지하 1층(에스컬레이터 이동 시 바로 B2으로 이동함)에서 '수하물 호텔 배송' 안내 표지판을 따라 걷다 보면 카고패스를 발견할 수 있다.

결제: 카드, 현금 가능
가격: 1개당 ¥550(세금 포함), 3변 합계 140cm 이상 또는 15kg 이상일 경우 ¥1,100
당일접수시간: 후쿠오카 공항에서 호텔 08:30-14:00
호텔에서 후쿠오카공항 14:00-21:00
운영시간: 08:30-21:00
이용 가능 호텔 검색: cargopass.jp/hotel

2. 델리백

후쿠오카 공항 국제선에 위치한다. 입국심사하면 1층에서 내리는데, 다시 3층으로 이동한 뒤 안쪽 에스컬레이터 타고 4층으로 올라가면 된다. 호텔명, 이름, 전화번호를 작성한 후 비용을 지불하면 예약 완료!

결제: 카드, 현금(단, 거스름돈 없음)
가격: 140cm미만 ¥1,200, 140~180cm ¥1,300, 180cm 이상 ¥1,400
운영시간: 10:00-17:00

시내교통

1. 버스

한국과 반대로 일본은 버스 탈 때 뒷문으로 탑승하고 앞문으로 내린다. 카드 지불 시 탈 때와 내릴 때 카드 리더기에 대면 된다. 현금 결제 시 티켓 박스에서 종이 티켓을 가지고 탑승해야 한다. 티켓에 숫자가 쓰여 있고 버스 앞에는 숫자와 요금이 기재되어 있다.

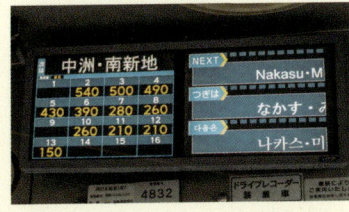

사진처럼 8번 티켓을 지닌 사람이 ¥260을 지불해야 한다는 뜻이다. 멀리 이동할수록 요금은 올라간다. 내릴 때 금액과 티켓을 돈통에 넣으면 된다. 돈통에 지폐를 넣으면 동전으로 거슬러 받을 수 있으니 참고하자.

2. 지하철

후쿠오카는 공항선, 하코자키선, 나나쿠마선 3가지 라인이 있다. 비자, JCB, 아멕스, 다이너스, 유니온페이가 표시된 신용/체크카드는 지하철 티켓을 구매하지 않고 찍고 들어갈 수 있다. 단 마스터브랜드는 제외이며 컨택리스 표시된 특정 게이트에서만 탑승 가능하다.

3. 택시

도로에 버스만큼이나 택시가 많이 보인다. 우리나라처럼 손을 흔들어 택시를 잡으면 되지만, 운전자석이 오른쪽에 있어서 소심하게 손을 들면 기사님이 그냥 지나칠 수 있다. 그럴 땐 GO택시, 우버, 카카오택시 어플을 이용해보자. GO택시는 우리나라의 카카오택시처럼 많은 기사님이 등록되어 있어 택시가 빨리 잡히는 편이다. 현위치도 실시간으로 잘 잡히기 때문에 사용의 불편함이 없다. 카드 등록 없이 현장 결제도 가능하다.

4. 시티투어버스

텐진, 하카타, 시사이드 등 후쿠오카 인기 관광명소를 투어하는 버스이다. 지붕 없는 2층 버스로 후쿠오카 바람을 맞으며 여행을 즐길 수 있다. 승차권을 구매한 경우 시내 노선버스에도 사용 가능하다. 후쿠오카 타워, 후쿠오카시 박물관, 오호리 공원, 일본 정원 등 주요 명소도 할인받을 수 있다. 짧은 일정이지만 알차게 명소 투어를 하고 싶을 때 추천한다.

가격: 어른 ¥2,000, 어린이 ¥1,000(미사용 승차권에 한해 수수료 ¥110 지불 후 환불 가능)
구매 방법: 전화예약 혹은 공석이 있을 경우 후쿠오카 시청 1층 승차권 카운터에서 당일권 구매 가능하다. 온라인으로 결제했어도 후쿠오카 시청 1층 승차권 카운터에서 후쿠오카 오픈탑 버스 승차권으로 교환한 후에 사용해야 한다. 출발 20분 전까지 승차 카운터에 집합 후 텐진, 후쿠오카 시야쿠쇼마에 버스정류장에서 함께 출발하니 시간을 꼭 체크하여 집합장소로 모이자.
fukuokaopentopbus.jp/ko

5. 렌터카

후쿠오카공항에서 렌트 후 차를 이용할 수 있다. 곳곳에 주차장이 잘 되어 있으니 국제면허증만 있다면 마음 편하게 여행 일정을 즐길 수 있다.

PLAN YOUR TRIP : TRANSPORTATION

파스모 카드

이코카 카드

하야카켄 카드

니모카 카드

스고카 카드

교통카드 충전 및 구매 방법

처음 구매 시 보증금 ¥500이 있다. 교통카드는 환불이 가능하지만 ¥220의 수수료가 있고 발행 지역에서만 환불이 가능하다.

구매: 한국어선택 - IC카드 선택 - IC카드 구입 - 무기명 IC카드 - 충전 구매 - 현금 투입
충전: 한국어선택 - IC카드 선택 - 현금 충전 - 충전 금액 선택 후 현금 투입
Tip: 일본의 열차 카드 잔액 확인 어플을 다운로드 받으면 사용 금액을 실시간으로 확인할 수 있다.

교통 패스권

JR큐슈레일패스는 특급열차, 일반 열차 등을 자유롭게 이용할 수 있는 '열차' 중심의 패스권이다. 반면, 산큐패스는 규슈 지역의 버스를 무제한으로 이용할 수 있는 '버스' 중심의 교통 패스다.

교통카드

일본 전역 대중교통에서 사용할 수 있는 카드로, 편의점이나 지하철 승차권 자동발매기에서 쉽게 구매할 수 있다. 또한 편의점에서 체크카드처럼 사용할 수 있어 편리하다. 지하철과 버스를 편하게 탑승하기 위해서 교통카드 구매를 추천한다.

01 파스모: 도쿄 및 수도권에서 자주 사용하는 카드이지만 후쿠오카에서도 호환이 된다.

02 이코카: JR 서일본에서 발행한 카드로 주로 간사이 지역(오사카, 교토 등)에서 자주 사용하는 카드이다.
Tip: 아이폰 지갑에 이코카를 등록하면 카드 없이 핸드폰으로 사용할 수 있다.

03 하야카켄: 후쿠오카 시영 지하철에서 발행한 카드로 후쿠오카에서 많이 사용하는 카드이다. 전국 교통카드시스템과 호환되어 다른 지역에서도 사용 가능하다.

04 니모카: 니시테츠 그룹에서 발행한 카드로 후쿠오카, 규슈 지역에서 많이 사용한다.

05 스고카: JR큐슈에서 발행한 교통카드로 JR큐슈 열차, 후쿠오카 시영 지하철, 니시테츠에서 사용 가능하다.

입국 후 바로 교통카드를 구매하고 싶다면 국제선 청사 1층 입국장 내 버스 티켓 카운터에서 구매하면 된다. (08:30-20:30) 교통카드는 ¥2,000이며 카드에 ¥1,500이 충전되어 있다.

PLAN YOUR TRIP : TRANSPORTATION

1. 투어리스트 시티패스

후쿠오카 대중교통을 무제한으로 이용할 수 있는 패스권이다. JR열차, 후쿠오카 시영 지하철, 페리 등 대부분의 교통을 이용할 수 있으며 오호리 공원, 후쿠오카 박물관, 후쿠오카 타워 등 주요 관광명소도 할인 가능하다. 버스 이용 시 기사님께 패스권을 보여주고 내리면 되며 지하철은 개찰구 직원에게 제시하고, 페리 이용 시 매표소 직원에게 보여주면 된다. 일본을 방문하는 외국인 여행자만 구매할 수 있다.

Tip: 우미노나카미치 등 시내 외곽을 돌아볼 여행자에게 추천한다.
<1일권>
후쿠오카 시내: 대인 ¥2,500, 소인 ¥1,250
후쿠오카 시내+다자이후(니시테츠 전철): 대인 ¥2,800, 소인 ¥1,400
구매: 스마트폰 어플 'my route'로 구매하거나 관광안내소, 버스터미널, 지하철 고객 센터에서 문의하면 된다.

gofukuoka.jp/ko/citypass.html

2. 후쿠오카 시내 1일 프리 승차권

후쿠오카 시내버스를 하루 동안 무제한으로 탑승할 수 있는 패스권이다. 단 버스만 무제한 탑승 가능하기 때문에 지하철, 페리는 별도로 구매해야 한다. 성인 1명에 어린이 1명은 무료로 이용할 수 있는 'kids free' 서비스도 있다. 모바일 패스 'my route'로 결제했다면 버스에서 하차할 때 패스권을 보여주면 된다. 스크린샷은 사용이 불가하며 인터넷이 연결된 상태에서 보여줘야 된다. 종이권은 연월일을 긁어서 사용하는 방식이며 하차할 때 해당 패스권을 보여주면 된다. 사용개시 시점부터 시간이 계산되므로 버스를 탈 일이 많을 경우에 추천한다.

요금: 후쿠오카 시내: 대인 ¥1,200, 소인 ¥600
후쿠오카 시내+다자이후: 대인 ¥2,100, 소인 ¥1,050
구매: 스마트폰 어플 'my route'로 구매하거나 텐진 고속 버스 터미널·하카타 버스 터미널·후쿠오카 공항 버스 터미널·각 정기권 발매소·니시테츠 버스 영업소 등의 각 창구 등에서 구매할 수 있다.

nishitetsu.jp/bus/jyousha/cityfree

3. 지하철 1일 승차권

1일 동안 지하철을 무제한 탑승할 수 있는 승차권이다. 역 발매기에서 발매 가능하며 지하철 기본 요금이 ¥210이기 때문에 하루 3번 이상 탑승할 때 추천한다.

구매 방법: 한국어선택 > 1일권 > 1일권 ¥640 > 현금 투입
사용법: 카드 태그하는 하단 아래, 티켓 넣는 곳에 티켓 화살표 방향에 맞게 넣어주면 된다.
요금: 대인 ¥640, 소인 ¥320

4. 산큐패스

산큐패스는 큐슈 지역의 고속 버스와 시내 버스를 모두 탑승할 수 있는 패스권이다. 북큐슈, 남큐슈, 전큐슈가 있으며 2일권, 3일권, 4일권으로 나누어져 있다. 북부에서 남부패스를 수령할 수 없으니 북큐슈, 전큐슈만 기억하면 된다. 하카타 또는 텐진 버스 터미널 등 교환 장소를 확인한 후 패스권 바우처를 보여주면 실물로 교환받을 수 있다.

Tip:
01 산큐패스 스티커가 붙여진 버스만 패스권 이용이 가능하다.
02 산큐패스 2일권은 비연속적으로 이용할 수 있다. 예를들어 10월 21일, 10월 23일 이렇게 사용 가능하다. 다만 3일권은 연속적으로만 이용할 수 있다.
03 장거리 고속버스는 좌석 예약하는 걸 추천한다. 큐슈 고속버스 예약센터(81+92-734-2727/ 0120-489-939)에서 성명, 전화번호, 승차일, 승차구간, 인원수를 알려주면 예약 가능하다. 한국어 통역서비스도 있다. 만약 전화가 부담스럽다면 주요 고속버스 터미널에서 직접 예약도 가능하다. 온라인 예약도 할 수 있으며 마지막 결제부분에서 '창구/버스 차량 내 지불'을 선택하면 된다.
www.highwaybus.com/gp/index
04 후쿠오카 공항 국제선 1층 니시테츠 버스티켓 창구에 가면 날짜 스탬프를 찍어준다.

❶ 산큐패스 북큐슈

북큐슈는 5개의 현(후쿠오카, 사가, 나가사키, 오이타, 구마모토, 시모노세키)의 고속버스, 시내버스, 페리 등을 무제한으로 승차할 수 있다.

요금: ¥9,000

❷ 산큐패스 전큐슈

7현(후쿠오카, 오이타, 사가, 미야자키, 나가사키, 가고시마, 구마모토)과 시모노세키 고속버스, 시내 버스, 페리 일부 등을 무제한으로 승차할 수 있는 승차권이다.

요금: ¥11,000(3일권 기준)

5. JR큐슈레일패스

큐슈지역의 JR열차(보통열차, 특급열차, 큐슈 신칸센, 니시큐슈 신칸센)를 무제한으로 탈 수 있으며 지역에 따라 전큐슈, 북큐슈, 남큐슈로 나누어져 있다. 큐슈 각 지역 관광열차도 탈 수 있다. 단 시내 버스 및 지하철 이용은 불가하며 특급차는 자유석도 있지만, 티켓 창구에서 예약 후 이용하는 걸 추천한다. 하카타역에서 고쿠라역 구간의 신칸센은 이용 불가하다. 또한 하카타에선 JR전큐슈와 JR북큐슈 레일패스만 실물 교환 가능하다.

❶ JR전큐슈 레일패스

벳푸, 오이타, 나가사키, 쿠마모토 등 큐슈 전지역을 JR을 이용해 자유롭게 여행할 수 있는 패스권이다.

요금: ¥20,000(3일권 기준)

❷ JR북큐슈 레일패스

후쿠오카, 유후인, 벳푸, 나가사키 등 북큐슈 여행 시 필수템으로 JR을 이용해 자유롭게 여행할 수 있는 패스권이다.

요금: ¥12,000(3일권 기준)

6. 하카타역 인포메이션 센터 레일패스 카운터

하카타역 인포메이션 센터 근처 레일패스 카운터에서 바우처와 여권을 보여주면 실물 티켓으로 교환이 가능하다(07:00-21:00)

7. JR 큐슈 모바일패스(후쿠오카 와이드)

하카타, 구루메, 고쿠라, 모지코, 시모노세키 등의 JR 큐슈 라일 열차를 무제한 탑승할 수 있는 교통패스권이다. 실물 티켓 교환할 필요 없이 모바일로 이용 가능하다. 고쿠라를 여행한다면 특급열차 소닉를 탑승할 수 있다. 단, 신칸센 이용은 불가하다.

요금: ¥3,500(2일권 기준)

★ Main spot
🛍 Shop
☕ Cafe
🍴 Restaurant
🍞 Bakery
🍨 Dessert
♨ Onsen
🍸 Bar
🄷 Hotel

MAP
—
Fukuoka

1. AROUND FUKUOKA : 후쿠오카 근교

2. FUKUOKA : 후쿠오카 개괄

3. HAKATA STATION & NAKAS KAWABATA : 하카타 역 & 나카스 카와바타

4. SISAID MOMOCH & OHORI PARK : 시사이드 모모치 & 오호리 공원

5. TENJIN & DAIMYO : 텐진 & 다이묘

1. AROUND FUKUOKA : 후쿠오카 근교

동해

시모노세키 下関
모지코 門司港
고쿠라 小倉
아이노시마 相島
신구항
니시테츠 신구 역
노코노시마 能古島
메이노하마 페리 선착장
유센테이공원 友泉亭公園
후쿠오카 福岡
난조인 南蔵院
다자이후 太宰府
사가 佐賀
야나가와 柳川
유후인 由布院
벳푸 別府

약 10분 소요
약 20분 소요
약 25분 소요
15분 소요
약 20분 소요
약 45분 소요
약 30분 소요
약 50분 소요
1시간 20분 소요
1시간 30분 소요
50분~1시간 20분 소요
15분 소요
1시간 30분 소요
약 2시간 10분 소요
약 1시간 35분 소요
1시간 50분~2시간 20분 소요
1시간 10~20분 소요
약 1시간 소요

2. FUKUOKA : 후쿠오카 개괄

우미노나카미치 해변공원 海の中道ビーチパーク
마린월드 우미노나카미치 マリンワールド海の中道
히가시구 東区
카이즈카 貝塚
하카타 토요이치 博多蔦一 - 베이사이드플레이스 박타
베이사이드 플레이스 하카타 ベイサイドプレイス博多
하카타 포트 타워 博多ポートタワー
노코노시마 能古島
시사이드 모모치 & 오호리공원
텐진 & 다이묘
하카타역 & 나카스 카와바타
후쿠오카 공항 福岡空港
오호리코엔 大濠公園
텐진 天神
나카스 카와바타 中洲川端
하카타 博多
기온 祇園
히가시히에 東比恵
오호리공원 大濠公園
메이노하마
니시진 西新
아카사카 赤坂
텐진미나미 天神南
나카스카와바타 中洲川端
기온 祇園
추오구 中央区
롯폰마츠 六本松
야쿠인오도리 薬院大通
야쿠인 薬院
와타나베도리 渡辺通
사쿠라자카 桜坂
후쿠오카시 福岡市
하카타구 博多区

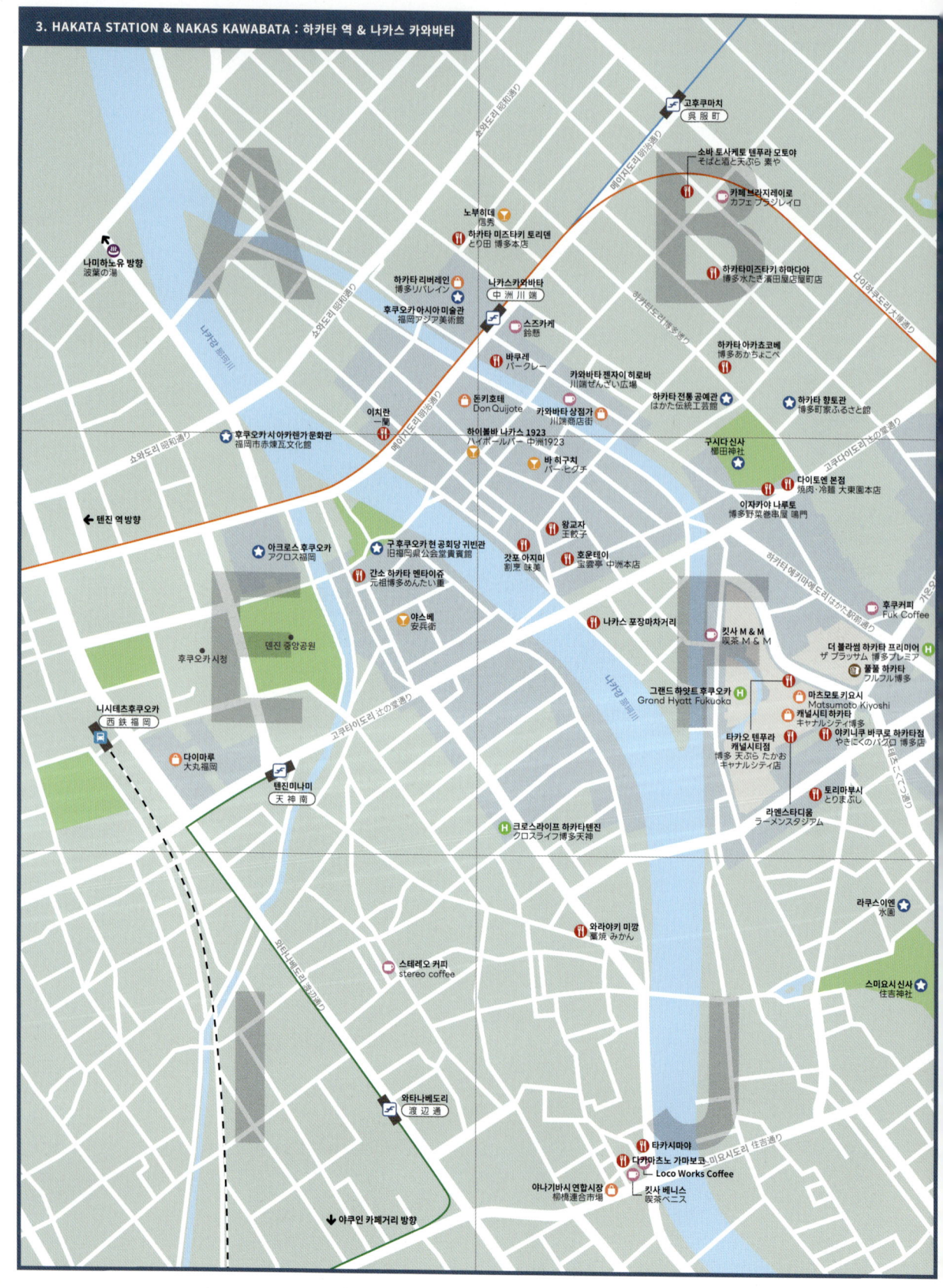

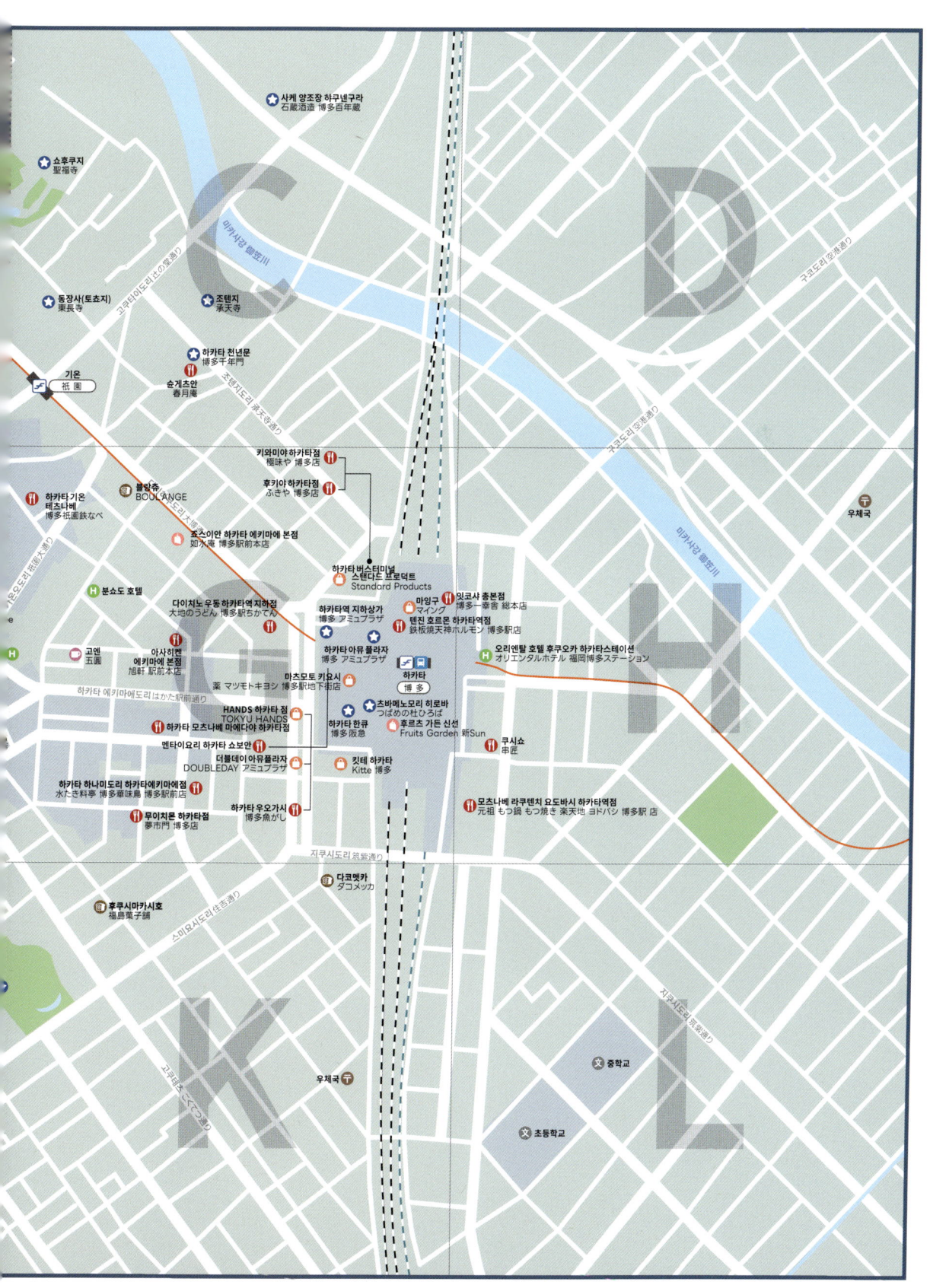

5. TENJIN & DAIMYO : 텐진 & 다이묘

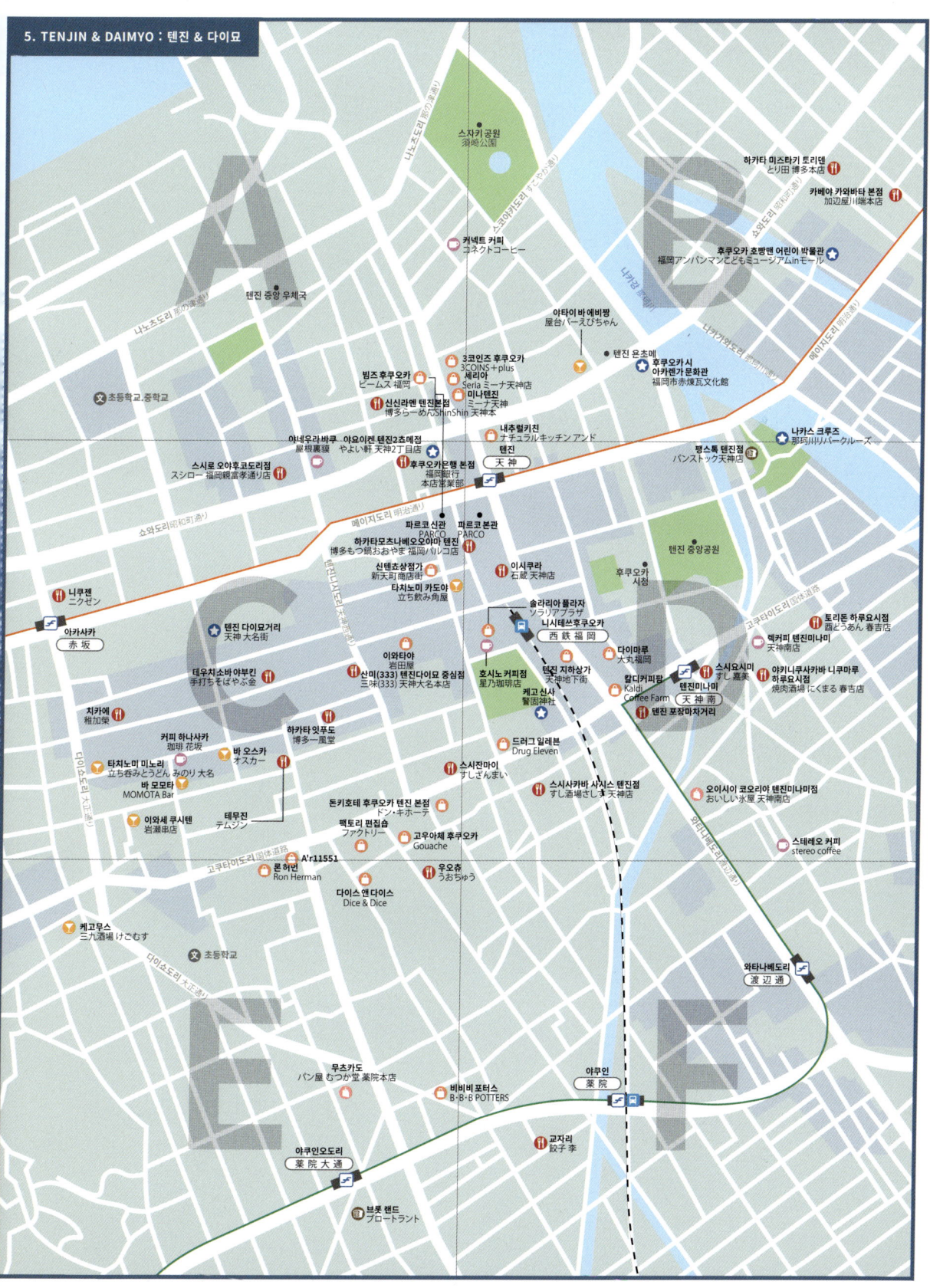

Writer
이지앤북스 편집팀

Publisher
송민지 Minji Song

Managing Director
한창수 Changsoo Han

Editor
송다혜 Dahye Song
김진희 Jinhee Kim

Designer
나윤정 Yoonjung Na

Illustrators
초모

Publishing
도서출판 피그마리온

Brand
easy&books
easy&books는 도서출판 피그마리온의 여행 출판 브랜드입니다.

※ 영업시간 및 입장료 상시 변경 가능 / 여행 일정에 따라 재확인 요망

트래블 콘텐츠 크리에이티브 그룹 이지앤북스는 2001년 창간한 <이지 유럽>을 비롯해, <트립풀> 시리즈 등 북 콘텐츠를 메인으로 다양한 여행 콘텐츠를 선보입니다. 또한, 작가, 일러스트레이터 등과의 협업을 통해 여행 콘텐츠 시장의 선순환 구조를 만드는 데 이바지하고 있습니다.

Tripful
Issue No.1

ISBN 979-11-91657-32-6
ISBN 979-11-85831-30-5(세트)
ISSN 2636-1469

등록번호 제313-2011-71호 등록일자 2009년 1월 9일
개정판 1쇄 발행일 2017년 12월 1일
개정 2판 1쇄 발행일 2025년 3월 20일

서울시 영등포구 선유로 55길 11, 4층 TEL 02-516-3923
www.pyg.co.kr

Copyright © EASY&BOOKS
EASY&BOOKS와 저자가 이 책에 관한 모든 권리를 소유합니다.
본사의 동의 없이 이 책에 실린 글과 사진, 그림 등을 사용할 수 없습니다.

www.easyand.co.kr
www.instagram.com/tripfulofficial
blog.naver.com/pygmalionpub

EASY & BOOKS

이지앤북스는 2001년 창간한 <이지 유럽>을 비롯해, <트립풀> 시리즈 등 북 콘텐츠를 메인으로 다양한 여행 콘텐츠를 선보입니다.

EASY SERIES Since 2001 Travel Guide Book Series

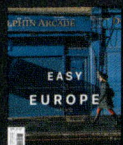  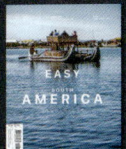  

EASY EUROPE 이지유럽	**EASY SPAIN** 이지스페인	**EASY SOUTH AMERICA** 이지남미
EASY CUBA 이지쿠바	**EASY CANADA** 이지캐나다	

EASY EUROPE SELECT5 이지동유럽5개국	**EASY CITY GUAM** 이지시티괌
EASY CITY DUBAI 이지시티두바이	**EASY CITY TOKYO** 이지시티도쿄
EASY CITY TAIPEI 이지시티타이페이	**EASY CITY DANANG** 이지시티다낭

Tripful Local Travel Guide Books

① FUKUOKA ② CHIANGMAI ③ VLADIVOSTOK Out of print book ④ OKINAWA ⑤ KYOTO ⑥ PRAHA ⑦ LONDON ⑧ BERLIN
⑨ AMSTERDAM ⑩ ITOSHIMA ⑪ HAWAII ⑫ PARIS ⑬ VENEZIA ⑭ HONGKONG ⑮ VLADIVOSTOK ⑯ HANOI
⑰ BANGKOK ⑱ JEJU ⑲ HONGDAE, YEONNAM, MANGWON ⑳ WANJU ㉑ NAMHAE ㉒ GEOJE ㉓ HADONG ㉔ JEONJU

 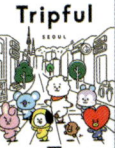   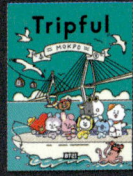  

㉕ CHANGWON ㉖ BT21 SEOUL ㉗ BT21 JEONHU WANJU ㉘ GUMI ㉙ BT21 MOKPO ㉚ YANGPYEONG ㉛ BT21 GANGNEUNG

www.easyand.co.kr
www.instagram.com/tripfulofficial
blog.naver.com/pygmalionpub

TRIPFUL IS ALWAYS WITH YOU

늘, 함께하는 여행책

여행 순간순간의 낯선 즐거움이
당신의 삶에 영감으로 새겨지기를 바랍니다.
늘 당신 곁에서, 일상을 여행으로 가득 채워 줄
여행책 '트립풀'.

정가 15,000원

ISBN 979-11-91657-32-6
ISBN 979-11-85831-30-5(세트)
ISSN 2636-1469